本书得到科技部创新方法工作专项支持

数据化企业致胜之道

——数据驱动的创新

刘士军　鹿旭东　崔立真　编著

電子工業出版社
Publishing House of Electronics Industry
北京 · BEIJING

内 容 简 介

今天，“工业 4.0”、“工业互联网”、“中国制造 2025”、“互联网+”这些热词不断激荡着企业发展的新时代，企业迎来了新的变革窗口，这就是数据化的企业时代。数据化企业从传统的设计、管理和制造信息化（即分散的、单元数字化的过程），向数据驱动的、全面以数据为基础的企业经营活动发展。本书论述了数据为企业带来的新思维、新模式，企业“问道于数”的几个主要方面；从企业创新、制造变革、生产过程和企业管理等方面展现数据化的趋势与价值，探讨了数据驱动创新的方法体系；展现了企业数据化转型不同阶段的丰富案例。

期待本书能给关注数据驱动创新的企业家和管理者以启发，给从事相关技术开发和应用的学者、技术人员及信息、制造领域的学生以参考。

图书在版编目（CIP）数据

数据化企业致胜之道：数据驱动的创新/刘士军，鹿旭东，崔立真编著.
—北京：电子工业出版社，2017.4
ISBN 978-7-121-31158-1

Ⅰ. ①数…　Ⅱ. ①刘…　②鹿…　③崔…　Ⅲ. ①企业管理－数据管理
Ⅳ. ①F272.7

中国版本图书馆 CIP 数据核字（2017）第 060443 号

策划编辑：李　洁
责任编辑：张　京
印　　刷：北京七彩京通数码快印有限公司
装　　订：北京七彩京通数码快印有限公司
出版发行：电子工业出版社
　　　　　北京市海淀区万寿路 173 信箱　邮编 100036
开　　本：720×1 000　1/16　印张：17.25　字数：248 千字
版　　次：2017 年 4 月第 1 版
印　　次：2023 年 9 月第 2 次印刷
定　　价：59.00 元

凡所购买电子工业出版社图书有缺损问题，请向购买书店调换。若书店售缺，请与本社发行部联系，联系及邮购电话：（010）88254888，88258888。

质量投诉请发邮件至 zlts@phei.com.cn，盗版侵权举报请发邮件至 dbqq@phei.com.cn。

本书咨询联系方式：lijie@phei.com.cn。

序
Forward

“数据化企业”？这又是一个新名词吗？它与“数字化企业”有什么区别？

1995 年，尼古拉·尼葛洛庞帝的《数字化生存》出版，这是一部有关信息技术革命的未来学著作，一出版便高居《纽约时报》排行榜，其后被译成 40 多种语言，在世界各地引起轰动。在这本书里，尼葛洛庞帝成功预测了数字科技对人类生活、工作和教育的影响；其中的一些预言已经实现，如 DVD 格式和蓝光光盘取代了录像带；观赏棒球比赛的时候，你可以选择从球场观众席中的任何位置和棒球抛出的角度来欣赏，这在里约奥运会转播中已经实现，类似的个例不一而足。他还提到，生产力要素的数字化渗透、生产关系的数字化重构、经济活动走向全面数字化，以及人们通过数字政务、数字商务等活动体现出全新的数字化政治和经济等极具前瞻性的洞察。

尼葛洛庞帝固然有超人的远见卓识，但毕竟还是在数字化层面去描述未来社会。模拟信号分布于自然界的各个角落，如每天温度的变化，而数字信号是人为抽象出来的在时间上不连续的信号。数字化就是将许多复杂多变的信息转变为可以度量的数字、数据，再用这些数字、数据建立起适当的数字化模型，把它们转变为一系列二进制代码，引入计算机内部，进行统一处理，这就是数字化的基本过程。

站在20年后的今天，我们回望过去，发现信息技术的发展进程比尼葛洛庞帝预想的还要快得多，这主要得益于“数据化”的横空出世。我们已经不仅仅是用数字描述和表现现实事物，更多的是强调利用数据来揭示规律。数据的价值在于它对事物某个属性客观和精准的刻画，而大量的数据关联起来，就指向了事物的本质。如通用电气（GE）可以做到在一秒钟内对风电场成千上万个数据点进行分析，对照风电场实时的功率性能数据，找到风电机组优化调度的靶点，从而最大限度地提高风力发电场的产能。

今天的数据已经铺天盖地，但物物互联将导致更大量级的数据爆炸。据预测，到2020年，来自传感器的数据将占全部数据的50%。今天互联网上的个人，也许每天会推送多至几十、上百条微博、微信，而智能手环每几秒钟就收集多条心跳、体温及各种体能指标，并源源不断地传到云端。这两种数据爆炸量级完全不一样，即将看到的数据爆炸才是超级数据爆炸，这种数据爆炸将把人类带入彻底的数据世界，一切皆成数据。

今天的企业或多或少已经拥有了一些数据，又或深或浅地开始了一些数据处理和分析的工作。但不管怎样，外有互联网经济的包围，内有物联网带来真正的企业互联，企业终将融入数据的海洋。在这种趋势下，企业要学会“数据驱动创新”、掌握“数据化之道”、适应“数据化生存”，利用数据带来的智慧来发展业务，抢占先机。

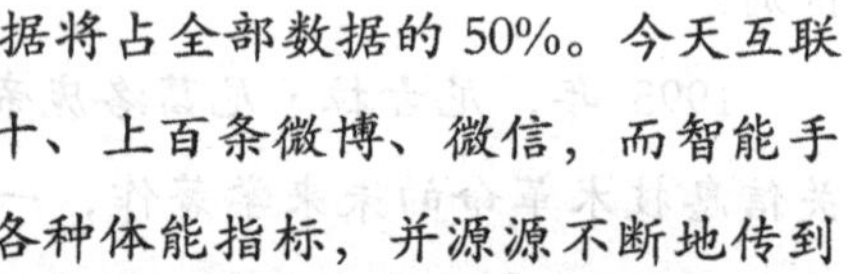

清华大学自动化系

前　言

Preface

从工业革命时代开始，围绕制造的变革就从未止步，机械、电气、信息技术，每一次重大的技术进步都带来了企业发展的革命性变化。今天，“工业 4.0”、“工业互联网”、“中国制造 2025”、“互联网+”这些热词不断激荡着企业发展的新时代，企业迎来新的变革窗口，这就是数据化的企业时代。随着企业数据也像互联网数据一样，以超过摩尔定律的速度在快速增长，数据化企业从传统的设计、管理和制造信息化（即分散的、单元数字化的过程），向数据驱动的、全面以数据为基础的企业经营活动发展。

数据之道的核心是数据的客观性，这使得数据会呈现真实信息，能展现规律，能预见未来。我们也许还不能理解数据背后的“原力”是什么，但可以利用数据所展现给我们的精细、精准、关联与智能。数据驱动的企业创新不仅包括产品设计，还包括管理与模式的创新，实际上数据将涵盖企业业务的全流程，成为企业运转的中枢神经。

全书共分 10 章，首先描绘了企业从信息化到数据化的发展历程，数据为企业带来的新思维、新模式，企业“问道于数”的几个主要方面；然后从企业创新、制造变革、生产过程和企业管理等方面展现数据化的趋势与价值，重点探讨了数据驱动创新的方法体系，包括数据驱动的创新方法体系和数据驱动的创新工作平台；最后，通过案例讨论了传统企业的数据化之路，展示了互联网企业的天生数据化特征。

本书作者长期在制造业信息化应用和数据科学研发领域耕耘，对企业信息化的内涵与应用有着深刻的理解；并在从事行业大数据和工业大数据的理论研究和工程开发中积累了丰富的实践经验和案例。全书由刘士军、鹿旭东执笔，崔立真统稿。本书在撰写过程中，山东大学的郭伟老师，宋伟凤、李耀坤、张盘龙、杨哲、杨卫刚等同学也参与了部分章节的材料组织、系统开发和审读等工作。

本书在科技部创新方法工作专项（2015IM010200）课题的支持下完成，在编写过程中，曾以各种方式向清华大学柴跃廷教授、浙江大学陈德人教授、浪潮集团王兴山总裁等专家咨询和请教。在此，向所有对本书提供过帮助的专家学者一并致谢。同时，我们也向电子工业出版社为本书选题给予的大力支持，对李洁编辑在本书成稿、出版过程中所付出的耐心而辛勤的工作表示真挚的谢意。

本书参考并借鉴了来自互联网和众多企业、咨询公司的生动案例，这些内容大部分已经在书中的参考文献中列出，但仍难免有所遗漏，对所有这些文献的相关作者表示衷心的感谢。

作　者

2016 年 12 月

目　录

Contents

第 5 章 数据变革制造 /131

信息化为犁，而数据是土壤

今天的世界变得如此广阔，其中所包含的信息是海量的。过去的 20 年中，人类世界的数据量翻了 100 倍，而且还在不断地增长，在短短的十几年时间里，地球已经迅速地从一个模拟化的世界变成了数字化的世界。

互联网上每分钟能产生多少数据？每天呢？DOMO 公司做了一张名为“数据不会睡觉”的图片，量化了在平平常常的每一分钟里互联网上所发生的事情，这些关于数据的数字令人非常惊讶。

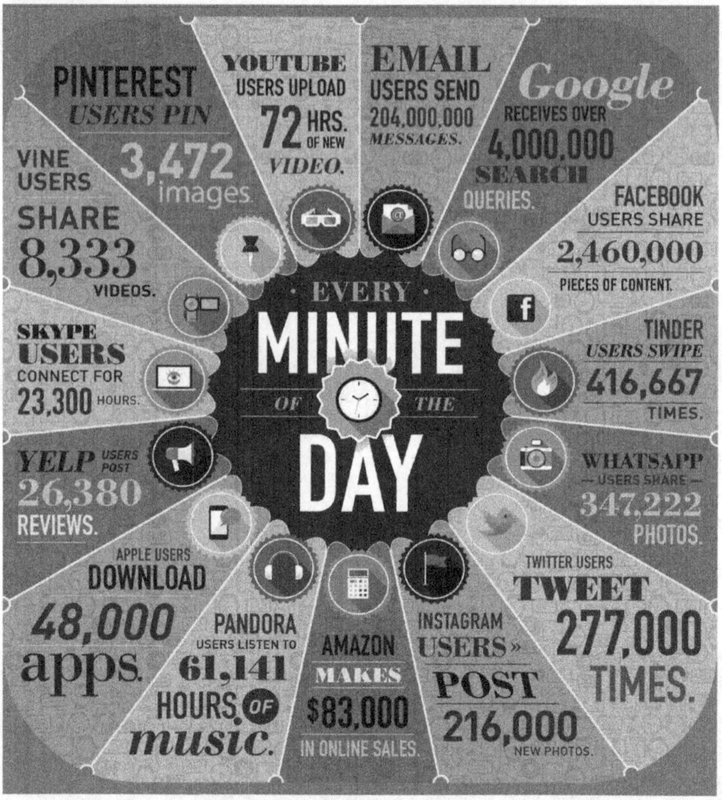

图 0.1　数据不会睡觉[①]

① Domo. Data Never Sleeps 2.0. https://www.domo.com/learn/data-never-sleeps-2.

在海量数据存在的今天，数据将是下一个社会发展阶段的金矿。大数据处理技术能够在合理的时间内实现对海量数据的采集、管理、处理，并整理成为对企业经营决策具有较高参考价值的资讯。大数据不仅意味着对海量数据进行专业化处理、挖掘和分析，更是一种颠覆思维的技术变革。

早在 1952 年，第一代电子管数控系统就已经出现了。从那以后，信息技术已经深入到企业经营的方方面面，信息技术已经或正在把几乎所有的传统工业从机械化提升到自动化。设计、制造和运销管理都已经或正在实现自动化、智能化、信息化，由计算机控制的机械和生产线代替或减少了劳动者的工作量，提高了效率。计算机虚拟技术的应用加速了产品的设计和生产过程，提高了产品质量和可靠性，降低了成本。网络技术使人们的生产和生活超越了时空和地域的限制，实现跨行业、跨地域、跨国界的合作与集成，逐步走向全球化[①]。

可以说，信息化已经成为企业运营的核心生产力。经过几十年的推广和实践，今天的企业，恐怕已经从骨子里认可了信息化的重要性，不再排斥而是主动地实施信息化。

然而，各种信息化软件主要是加工数据的工具，而产生价值的基础则是信息，是数据，所以说“信息化为犁，而数据是土壤”。

企业使用信息的方式已经发生了极大的改变。数据化的信息表达和数字存储更加便宜和灵活；先进的分析和人工智能使我们可以从海量的数据中获取洞见；虚拟现实和增强现实在我们眼前构建出一个数据的世界；从 CAD 到三维打印和增材制造，我们从实到虚，又从虚到实，数据在变革制造；从数据定义的产品到数据驱动的生产过程，数据让生产更加灵活、更加高效、更加可控；各层面眼花缭乱的进步都在开启通往数

① 宋健. 制造业与现代化. 中国制造业信息化，2003，(1).

据化企业时代的大门。

原工业和信息化部副部长怀进鹏说，“哪一家企业积极拥抱工业数字化，实现工业化和信息化融合，这样的企业就会更有竞争力”①。拥抱工业数字化，意味着有获得数据的能力，也有对数据进行实时分析的能力，同样意味着有将分析结果应用并建立在工业技术之上的能力。

尽管制造业产生了比其他任何行业更多的数据，但还没有被企业充分利用。对比一下传统的汽车制造商和 Uber，从产业链的最高点看，二者的共同点是都在开展人员运输业务。汽车制造商利用一个世纪以来的经验，通过工厂车间和销售展厅来满足这一需求；Uber 通过智能手机使乘客和汽车配对，无需钢铁、玻璃、橡胶和销售员，仅使用数据就能满足乘客的交通需求。Uber 诞生仅 7 年，其市值就已超过 680 亿美元，其拥有的数据、算法和广阔的增长前景已经让它比一些全球最大的汽车制造商所有的实物资产、知识产权和品牌都更具价值。

在工业革命 300 年以后的今天，依托物质生产的传统制造遇到了越来越多的瓶颈。企业需要不断地激发创新活力、挖掘发展潜力和寻找转型动力，他们将眼光瞄向了数据——数据驱动创新。而且这些数据是企业原本就可以获取的，是企业可以用于致胜的法宝。

数据为企业提供全方位、全程服务

在产品的设计中，传统的设计师基于灵感和经验，揣度消费者的需求喜好设计产品。在大数据时代，设计师通过对用户行为数据和需求数据进行分析，精准量化客户需求，指导设计过程。

在制造阶段，大数据技术可以帮助实现生产过程异常发现、产品质

① 吴斌. 工信部副部长怀进鹏解读中国工业化和大数据. 南方都市报，2016 年 1 月 27 日.

量提升和生产调度优化等。以生产异常发现为例，传统的基于降维手段的异常发现方法，容易破坏信息完整性，不利于设备异常的发现。在大数据模式下，基于制造数据的分析对关键参数进行提取，然后通过聚类分析手段发现设备异常模式，在此基础上对设备进行控制优化。大数据也能帮助提高产品的质量控制。例如，SPC（统计过程控制）控制的是整个过程的单个参数，但是单个参数在正常范围内为什么还会出现一些质量问题？可能每个参数均处于临界状态，综合后会产生一些质量问题，所以在这个过程中，传统方法就是数据的筛选、参数分析，这个过程介入了人工的分析来进行质量的预测，数据筛选过程淘汰了许多有效的数据资源，参数分析过程经常存在人工经验判断，使得预测模型对整个产品加工过程信息的描述残缺不全，不能发现产品质量问题的深层次原因（如误差累积）。而在大数据模式下，根据产品的加工工艺过程，对产品质量相关数据按层次进行组织，利用多隐藏层神经网络深度学习加工过程中产品质量数据的相互作用机理，可以对产品质量问题进行全面、深层次的描述。

大数据能提升大规模生产调度的全局性能，过去有个问题，就是计划赶不上变化，因为计划是在一个理想状态下做出的。尽管智能方法如遗传算法、蚂蚁算法可以解决生产优化调度的问题，但随着工艺越来越复杂、环境越来越复杂、工艺规模越来越大、问题规模越来越大，全局生产调度已经变成了一个很难解决的问题。传统的智能调度方法难以求解大规模的调度问题，基于规则和瓶颈的方法在大规模问题中又很难得到全局优化。大数据带来了新思路，它采用全局数据之间的关联关系形成全局的调度方案，能够解决大规模生产中的全局调度问题。

大数据能为产品的运营维护服务，如通用电气的航空发动机维护服务，通过建立一个平台，为航空发动机的监控、运行监测、故障诊断提供一个全方位的服务。在产品的运行和维护过程中，大数据模式一改传统被动的运维模式，通过采集和分析智能设备的传感器数据，进行大数据分析，主动进行产品的安全监测、故障诊断，以及运行过程优化。

大数据应用过程中需要的是什么？首先需要的是能够采集到数据，也就是要求产品是一个智能化的产品，所以在智能制造中，首先要有智能化的产品，安装传感器，能够实时地传递数据，为后面的运行、维护服务提供依据。

大数据不只是关于数据，而是采用传统及新的分析方法来分析所有数据。针对大数据分析的结果采取行动来提升业务才是最重要的。随着大数据技术的不断发展，国内外已对大数据在制造领域中的应用进行了一些开拓性的研究，代表性的有 GE 工业互联网解决方案、Smart Factory 计划、SAP HANA 平台和 Invensys 数据分析平台，并已在农夫山泉、百事饮料等公司应用。三一重工利用大数据技术对地理位置数据进行关联分析，发现了泵车主油缸故障与沿海地区杭深高铁建设的强相关性，确定了沿海地区的盐雾环境和水质是导致油缸密封体腐蚀的主要原因。日本小松公司对挖掘机安装传感器与 GPS 定位系统，用于实时监控车辆运行情况；通过大数据分析，对未来挖掘机市场的需求进行预测，用于调整生产；对用户的使用习惯进行分析，提出建议，从而降低油耗[①]。

从信息采集到决策反馈，企业中的数据已经形成了一个闭环。在这个闭环中，企业利用机器层级的传感器、执行器和集成器，实现从生产层级的机器生成数据；通过使用数据分析，确保收集到数据的精确性，并且马上见到超常规的结果。进而，这些数据可以被用来改善企业的经营，如通过减少工艺或工艺时间降低生产成本。最后，获得的这些数据以决策支持的形式重新回到企业那里，帮助企业创造新产品和服务。

数据产生智能，一旦生产工厂通过物联网连接，就会触发生产、采

① 张洁. 制造业正迈入大数据时代. 中国工业评论，2015（12）.

购、质控、营销和工程控制的效率提升和优化。数据整合和互联就此展开，智能物流、智能销售及智能服务概念开始出现。这些概念也延伸到了供应链、合作伙伴和分销网络。智能制造不是一个遥不可及的未来，它是一个循序渐进的过程，正发生在我们身边。利用现有技术将物理对象，特别是分散的制造业企业连接到虚拟世界中，正在创造新的商业模式[①]。

今天，我们已经进入了所谓“D 世代”，即以大数据分析为驱动的时代。在农业社会，土地是核心资源；在工业时代，能源是核心资源；在信息时代，信息是核心资源；而进入“D 世代”，大数据成为战略资源。

企业面临拥抱数据化的前夜，有识的企业已经在持续地增加数据领域的投入，内化数据能力，外化数据资产。所搜集的数据，无论从广度和深度，从质量到数量，都数十倍、上百倍于之前的水平；同时，这些企业也在深耕数据技术，掌握核心技术，挖掘数据富矿以获得新知识、新的洞察。

这就是企业的数据之道。

① Sarah-Jane Bosch. Manufacturers must embrace Industry 4.0. IOL，2016-04-03. http://www.iol.co.za/business/opinion/manufacturers-must-embrace-industry-40-2003765.

第 1 章

进化：从 CIMS 到数据化企业

1.1　数字新技术唤醒制造

数字技术是当前最具发展活力的技术领域之一，数字技术的高增长性、强带动性和低碳性有着其他技术领域不可比拟的优势。目前，以移动互联网、物联网、大数据、云计算为代表的新一轮数字技术发展浪潮正风起云涌，将引领科技繁荣，重塑信息产业生态链，推动信息化与工业化深度融合，拉开新产业革命的序幕，对经济和社会及全球竞争格局将产生深远的影响，新的技术创新推动着企业进步。

1.1.1　制造简史：从石器时代到信息时代

制造业创造了人类，“人猿相揖别，只几个石头磨过，小儿时节。”[①] 在石器时代，人类利用天然石料制作劳动工具，以采集和利用自然资源作为主要生活手段。到青铜器、铁器时代，人们开始采矿、冶炼、铸造工具、织布，满足以农业为主的自然经济的需要，采取的是作坊式手工业的生产方式，生产用的原动力主要是人力，局部利用水力和风力。到 1765 年，瓦特发明新型蒸汽机后，纺织业、机器制造业才取得革命性的变化，引发了第一次工业革命，近代工业化大生产开始出现。到 1820 年奥斯特发现电磁效应，安培提出电流相互作用定律，1831 年法拉第提出

① 毛泽东. 贺新郎・读史. 1964.

电磁感应定律，1864 年麦克斯韦电磁场理论的建立，为发电机、电动机的发明奠定了科学基础，从而迎来了电气化时代。以电作为动力源，改变了机器的结构，开拓了机电制造技术新局面。

但总的说来，19 世纪末之前，制造业生产力水平低下、生产过程简单、分工不发达、生产规模小，另外，来自外界因素的影响相对比较简单，工厂的全部管理（包括生产经营和人员管理等）全凭工厂主的经验，处于经验管理阶段。

19 世纪末至 20 世纪初，内燃机的发明使汽车进入欧美家庭，引发了制造业的一次革命，进入了大批量生产时代，出现了流水生产线，社会分工也日趋明确。由于新的生产技术的应用，经验管理已经不能适应生产的需要，泰勒管理方法应运而生。

这一阶段产品的生命周期很长，设计及开发费用不占成本的主要份额，因此生产改进主要是围绕如何降低成本，特别是围绕如何降低劳动力成本而展开的，刚性大规模生产线应运而生。这一阶段一直延续到 20 世纪 50 年代。

第二次世界大战后，人类迎来了电子时代，在短短的 50 年时间内，信息技术使我们的生活发生了质的变化，世界全面转向信息化时代。通信的迅速普及和计算机的出现，尤其是半导体大规模集成电路的出现，引发了制造业的又一场新的革命，迎来了机械电子学（Mechantronics）和机电一体化（NC、CAD、CAM）时代。借助计算机硬件、软件，综合运用现代管理技术、制造技术、信息技术、自动化技术、系统工程技术，将企业生产全部过程中有关人、技术、经营管理三要素及其信息流有机地集成并优化运行，以实现产品高质、低耗、上市快，从而使企业赢得竞争的 CIMS 也开始出现。

2013 年 4 月，德国在汉诺威工业博览会上正式提出“工业 4.0”战略，其目的是提高德国工业的竞争力，在新一轮工业革命中占领先机。德国学术界和产业界认为，“工业 4.0”概念即是以智能制造为主导的第四次工业革命，或革命性的生产方法。该战略旨在通过充分利用信息通信技术和网络空间虚拟系统——信息物理系统（Cyber-Physical System）相结合的手段，将制造业向智能化转型。从工业化到信息化的里程碑见表 1.1。

表 1.1　从工业化到信息化的里程碑

1765 年——蒸汽机的发明拉开了工业化革命的序幕
20 世纪上半叶——一批发达国家完成工业化革命
1948 年——晶体管发明
1958 年——第一台固体元件计算机
1959 年——第一个集成电路
1960 年——ALGOL 和 COBOL 计算机语言
1961 年——工业机器人首次量产并在生产线上实际应用（Unimate 1900，通用汽车）
1964 年——大型电子计算机 IBM360 系列
1969 年——互联网诞生
1971 年——用大规模集成电路组成的微处理机
1977 年——个人计算机
1989 年——万维网（WWW）诞生
2013 年——工业 4.0 概念提出

1.1.2　CIMS 的故事，信息引领工业

20 世纪 70 年代，美国社会掀起了“后工业社会”热潮，试图将美国的经济重心从制造业向服务业等第三产业转移。而美国政府当局对此也深信不疑，产业政策过分夸大了第三产业的作用，而将制造业贬低为“夕阳工业”、“生了锈的皮带”。美国政府只对基础研究、卫生健康和国防建设提供大量的技术支持，而放弃对制造技术和制造业的经费支持，导致

美国制造业优势的衰退。1975 年，美国制造业的份额已经跌落到了世界总量的 22.3%。充当制造业“晴雨表”的汽车工业遭受到前所未有的打击，著名的五大湖流域的制造业产区面临萎缩。在 20 世纪 70～80 年代初开始的世界性石油危机，暴露出美国制造业的优势多数已被日本所取代，美国报纸说：“十个高技术产品中的七个，其市场已为日本所占有”、“日本产品在美国人心目中已经成为质量好、价格便宜的同义词”。

制造业的衰落很快就波及整个经济领域的发展，美国政府认识到当时的经济滑坡和贸易逆差与制造业的衰落有着莫大的关系。此后美国政府出台措施挽救制造业，在其国防部和能源部的通力合作下，制订了《下一代制造业——行动框架》，为美国制造业在将要到来的下一个世纪里勾画蓝图，美国要用其信息技术的优势夺回制造业的领导地位。技术上的可能和市场竞争的需要，终于使哈林顿在 1973 年提出的 CIMS 概念由不被重视而迅速地成为一些技术上处于先导地位的企业和一些国家政府的实践活动。认为“对 CIMS，不要再犹豫了！(CIMS，no longer a choice!)”。

1. 什么是 CIMS

CIMS 是英文 Computer Integrated Manufacturing System 的缩写，直译为计算机集成制造系统。计算机集成制造的概念最早是由美国约瑟夫·哈林顿博士在 1973 年提出的，其基本出发点是：

- 企业的各种生产经营活动是不可分割的，要统一考虑；
- 整个生产制造过程实质上是信息的采集、传递和加工处理的过程。

因此，企业作为一个统一的整体，必须从系统的观点、全局的观点出发，广泛采用计算机等高新技术，加速信息的采集、传递和加工处理过程，提高工作效率和质量，从而提高企业的总体水平。

从结构上看，CIMS 是多个企业信息化子系统的集成，如管理信息系统（MIS）、制造资源计划系统（MRPII）、计算机辅助设计系统（CAD）、计算机辅助工艺设计系统（CAPP）、计算机辅助制造系统（CAM）、柔性制造系统（FMS），以及数控机床（NC，CNC）、机器人等。CIMS 把各种自动化系统通过计算机实现信息集成和功能集成。

CIMS 实际上是企业信息化的大集成。首先，上述子系统实现了单元集成，完成了从人工管理到信息化、数字化管理的集成，如 MIS 实现了多种管理功能的集成，FMS 实现了加工设备和物料输送设备的集成等。这些集成是局部的集成，而 CIMS 是针对整个工厂企业的集成。CIMS 面向整个企业，覆盖企业的多种经营活动，包括生产经营管理、工程设计和生产制造各个环节，即从产品报价、接受订单开始，经计划安排、设计、制造直到产品出厂及售后服务的全过程。

2．CIMS 的核心是集成

CIMS 这个单词中：

- C 指手段；
- M 指大制造；
- S 指整个系统；
- I 指核心，即通过集成提高制造企业的市场竞争力。

企业是一个复杂的大系统，可分成若干分（子）系统，这些针对企业某一局部功能所建立的系统称为单元系统，如设计子系统、管理子系统、制造执行子系统等，它可以单独运行。

起初，独立运行的单元系统与外界（工厂的其他部分）的联系只能靠人来完成。这些单元系统本身的自动化程度可能很高，可以处理大量的数据，但它所需的数据要靠手工录入，这就容易产生延误，系统的作用不能充分地发挥出来。因此，人们把独立运行的单元自动化系统称为“自动化孤岛”。而把这些单元系统全部纳入到 CIMS 中以后，它们就成为 CIMS 的一个个分（子）系统，CIMS 就是这多个分（子）系统的集成，从而实现“自动化孤岛”的集成。

因此，CIMS 强调的一个重要概念就是集成。集成不是简单的连接，是经过统一规划设计，分析原单元系统的作用和相互关系并进行优化重组而实现的。我们分析一个企业的运营过程，可以看到企业中存在物流、信息流、工作流等。

物流指的是各种原辅材料采购入厂后，经检验、存储、加工直至变成产品出厂的所有过程。企业的物质流动过程应是一种增值过程，伴随着一个资金价值流。

物流集成在不同行业中水平不同。一般在流程工业（如化工厂）中物流集成水平很高，其次是冶金半连续制造业，机械制造物流集成相对较差。一般来说，产品批量大的企业物流集成程度高，如采用自动流水生产线。而在单件生产或多品种小批量生产方式中，虽可用柔性制造系统实现物流集成，但成本高，难度也较大。

当代企业早已摆脱了原始的手工作业的生产方式，企业内部有严格的组织分工，各部门、各工作岗位之间存在复杂的工作流，工作流带动了物流。工作流程的组织和协调运行水平决定了企业的工作效率，从而在一定程度上决定了企业的竞争能力。

与物流、工作流紧密相关的是信息流。企业对市场信息、产品信息、工艺信息、质量信息、人员、设备及组织管理信息也要进行收集、存储和加工处理，从而形成了复杂的信息流。企业中信息流无处不在，贯穿于企业经营生产的全过程。

CIMS 集成的最终目的是实现企业的功能集成（也称经营集成）。要对系统运行过程进行综合分析，对系统进行重新设计，使工作流程简化、精美优化，使之协调运行。功能集成要借助各种现代的管理科学成果，并在信息集成的支持下才能实现。

3. CIMS 的巨大推动力

制造业的各种生产经营活动，从人的手工劳动变为采用机械的、自动化的设备，并进而采用计算机，是一个大的飞跃；而从计算机单机运行到集成运行则是一个更大的飞跃。将各种技术集成的 CIMS 技术则为跨国公司和全球化制造提供了信息支撑平台，加速了产品创新开发，支持了战略性产品的制造，增强了制造业综合竞争力，促进了以知识产权为核心的制造业信息化应用软件产业和咨询服务产业的发展，确保了独占性技术在国际竞争中的制高点。

世界上一些著名的大公司，从 20 世纪 70 年代末 80 年代初开始制定本公司实现 CIMS 的规划，建立 CIMS 的生产工厂（车间），攻克实现 CIMS 的技术难关并不断取得重大进展。一些工业发达国家（如美国、日本）、欧洲共同体和经互会成员国都把 CIMS 作为科学技术发展的一个战略目标，通过制订各种计划、规划，建立国家级研究实验基地等手段积极推进这一新的生产方式的发展。

美国政府也提出了社会投资计划和产业政策，鼓励制造企业购进新设备，引进新技术，制造业本身的生产效率也随之提高。

在中国，CIMS 单元技术的研究和应用始于 20 世纪中叶。1986 年 CIMS 正式列入 863 计划，即“高技术研究发展计划纲要”，从此开始了在中国研究、应用 CIMS 技术的新篇章。

1.1.3　互联网时代，创新推动制造业的复苏

英国计算机科学家、万维网的发明者，蒂姆·伯纳斯·李爵士（Tim

Berners-Lee）在 1990 年 12 月 25 日成功地通过 Internet 实现了 HTTP 代理与服务器的第一次通信，标志着互联网时代的开始，从此，世界进入了人与社会、经济与组织、有形世界与虚拟世界都相互关联、彼此交融、互联互通的零距离时代。在全球新一轮科技革命和产业变革中，互联网与各领域的融合发展已成为不可阻挡的时代潮流，对各国经济社会发展产生了战略性和全局性的影响。

随着技术的进步，美国企业开始推行“美国制造”的措施，将生产基地转移回美国市场。美国通过《2010 制造业促进法》、《国家先进制造伙伴计划》（2011 年）、《国家制造创新网络（NNMI）：初步设计》（2013 年）等，努力实现“本土发明、本土制造”，希望将最先进制造行业的研发和生产都留在美国，使美国制造业在全球经济布局和新一轮产业革命中抢占制高点。

以一台零售价为 499 美元的 2010 款 16GB 的 iPad 平板电脑为例，其中供应商原材料和零部件价值共计 154 美元，全部劳动力成本为 33 美元，而中国只占其中的 8 美元。真正的创新在于产品设计及智能软件开发，而这正是另一个产业集群——硅谷的所长，苹果公司正坐落于此。iPad 内部各个元件的来源及成本如图 1.1 所示。

从现在的公开数据可推算出：在美国生产一块完整电池板的成本要比在中国生产并运至美国西海岸的合计成本高出约 25%。但是，在将生产线的生产优势考虑在内后，美国制造太阳能电池板的成本将在未来十年内下降为原来的 50%以上，变为每瓦 50 美分左右。

据美联储数据，2014 年第二季制造业产出按年增长 6.7%，为 2012 年首季以来最大季度增幅。甚至包括服装业，美国最大的两个服装生产基地纽约和洛杉矶的生产量呈现大幅增长的走势，而南部多个州也大幅加大服装生产工厂的建设和投资。在 2009—2013 年，美国制造业大约增长了 20%。同时，依靠先进的制造技术，美国制造业成本显著降低，与我国的差距将快速收窄。

而在欧洲，德国制造业仍保有强大的竞争力。不仅是以奔驰、宝马为代表的“德系车”驰名全球，装备制造和零部件制造也是其强项。像博世、大众汽车、西门子这样的世界级工业巨头不在少数。而且德国各地的研究机构和大学对企业的技术应用具有相当大的贡献。

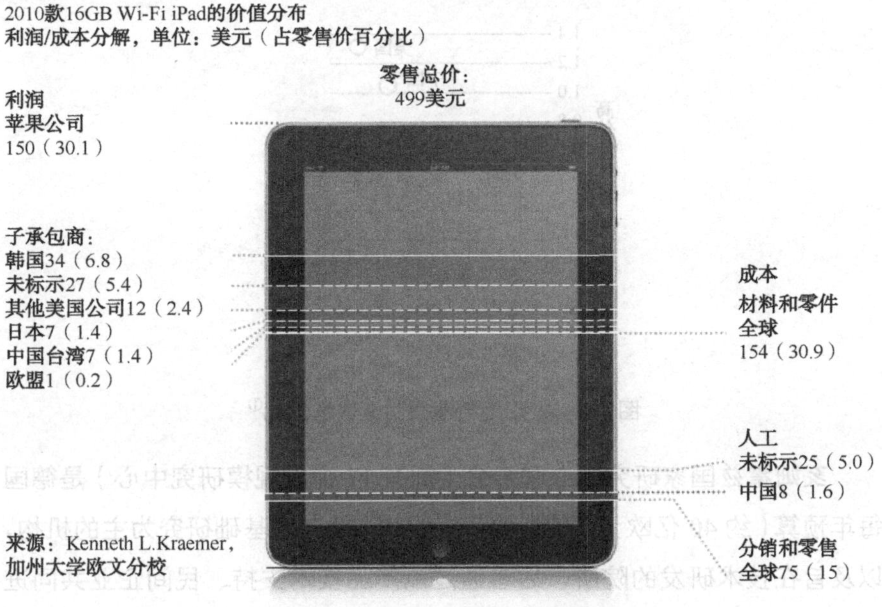

图 1.1　iPad 内部各个元件的来源及成本[①]

弗劳恩霍夫应用研究促进协会（下属 80 多个科研院所）是欧洲最大的应用科学研究机构，以增强德国和欧洲在技术层面的产业竞争力为主要目标，通过进行企业的委托研究和独立研究项目的副产品技术应用、专利批准和进出口许可、对企业的创业支持等，实现技术应用市场化。

马克斯·普朗克学会，简称马·普学会（下属 80 多个科研院所），

① 第三次产业革命：经济学人“制造业与创新”专题报告，2012.

是政府支持的进行基础研究的专业研究机构，其论文的被引用数量位于世界第一。拥有专门从事于专利批准、进出口许可、副产品技术支持等的专业机构，致力于知识和技术的市场应用。截至2014年，马·普学会至少走出了33位诺贝尔奖得主。

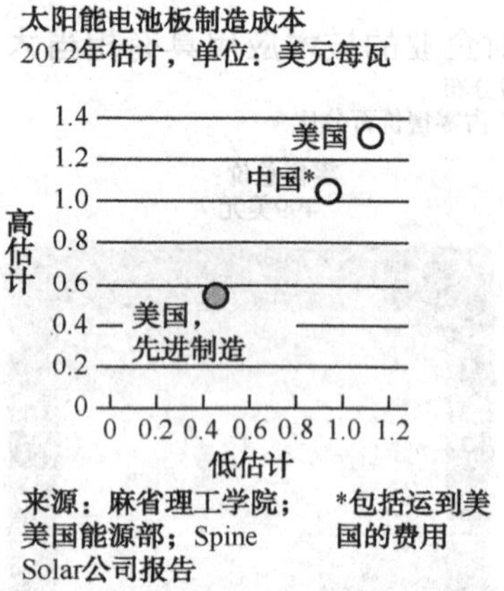

图 1.2 太阳能电池板制造成本对比[①]

亥姆霍兹国家研究中心联合会（拥有17个大规模研究中心）是德国每年预算（约40亿欧元）最大的研究机构。拥有以基础研究为主的机构，以及旨在技术研发的院所，后者通过副产品技术支持、民间企业共同进行项目开发等，助力企业的技术应用。

1.2 工业4.0，连接与智能

工业4.0时代，所有的工厂都是软件企业，都是数据企业。企业的各个部分与生产的各个环节通过数据链路连接成一体，而数据的分析则产

① 第三次产业革命：经济学人“制造业与创新”专题报告，2012.

生了智能。

1.2.1 工业 4.0

“工业 4.0”研究项目由德国联邦教研部与联邦经济技术部联手资助，在德国工程院、弗劳恩霍夫协会、西门子公司等德国学术界和产业界的建议和推动下形成，并已上升为国家级战略。德国联邦政府投入达 2 亿欧元。

“工业 4.0”概念包含了由集中式控制向分散式增强型控制的基本模式转变，目标是建立一个高度灵活的个性化和数字化的产品与服务的生产模式。在这种模式中，传统的行业界限将消失，并会产生各种新的活动领域和合作形式。创造新价值的过程正在发生改变，产业链分工将被重组。

“工业 4.0”项目主要分为两大主题，一是“智能工厂”，重点研究智能化生产系统及过程，以及网络化分布式生产设施的实现；二是“智能生产”，主要涉及整个企业的生产物流管理、人机互动及 3D 技术在工业生产过程中的应用等。

在工业 4.0 趋势下，工业的信息化水平进一步提升，尤其是“互联化”和“智能化”的提升。以制造业为例，在其转型升级中，渗透着“互联”和“智能”两个关键词，可以概括为几个方面：第一，产品智能化；第二，流程的智能化升级；第三，制造业的互联网化。随着信息物理系统的推广、智能装备和终端的普及，以及各种各样传感器的使用，将会带来无所不在的感知和无所不在的连接，所有的生产装备、感知设备、联网终端，包括生产者本身都在源源不断地产生数据，这些数据将会渗透到企业运营、价值链乃至产品的整个生命周期，是工业 4.0 的新资源、新燃料。数据是区别于传统工业生产体系的本质特征，是工业 4.0 的核心。

在“工业 4.0”时代，制造企业的数据将会呈现爆炸式增长态势。工业企业中生产线处于高速运转，由工业设备所产生、采集和处理的数据量远大于企业中计算机和人工产生的数据，从数据类型看也多是非结构化数据，生产线的高速运转则对数据的实时性要求也更高。因此，工业大数据应用所面临的问题和挑战并不比互联网行业的大数据应用少，在某些情况下甚至更为复杂。

在 IBM 看来，所谓工业 4.0，其实就是大数据驱动的智能工业。IBM 大中华区副总裁冯国华认为这是一场由首席执行客户（CEC）推动的，以“D 世代企业”（大数据分析驱动型企业）的诞生与发展为标志的，以大数据、云计算、移动、社交等技术为主要驱动手段的工业革命。这里所谓的“D 世代企业”，是指那些为了更好地适应消费者的转变，需要借助大数据、云计算、社交、移动等新技术推动企业转型，从而帮助企业更好地满足消费者需求的企业。其中大数据分析的重要性尤为突出。

1.2.2 工业互联网

几乎与此同时，2011 年，通用电气在加州硅谷建立全球软件研发中心，开发工业互联网，研发内容包括工业互联网平台、应用及数据分析，目前研发团队已经达上千人。在通用电气公司 2012 年 11 月发布的《工业互联网——打破智慧与机器的边界》的报告中预测：在美国，如果工业互联网能够使生产率每年提高 1%～1.5%，使其重回互联网革命时期的峰值水平，那么未来 20 年，它将使美国人的平均收入比当前水平提高

25%～40%。随着创新意识在全球范围的扩散，如果世界其他地区能确保实现美国生产率增长的一半，那么工业互联网在此期间会为全球 GDP 增加 10 万～15 万亿美元——几乎是当今美国经济的规模。在当今富有挑战性的经济环境中，即使确保实现一小部分生产力提高，也能在个人层面和整个经济层面带来极大的益处。2013 年，通用电气宣布将在未来 3 年投入 15 亿美元开发工业互联网。2014 年，更大范围的参与者，包括 AT&T、思科、通用电气、IBM 和英特尔等在美国波士顿宣布成立工业互联网联盟（IIC），以期打破技术壁垒，为工业互联网确定和建立新基础、共同框架和标准，促进物理世界和数字世界的融合。作为一个开放性的会员组织，工业互联网联盟致力于为更好地访问大数据提供支持，有助于机构更便利地连接和优化资产、操作及数据，提高灵活性，以释放所有工业领域的商业价值，共同组成工业互联网的生态系统。

工业互联网汇集了两大革命性的进步：工业革命带来的无数机器、设备组、设施和系统网络，以及互联网革命中涌现出的计算、信息与通信系统更强大的进步结合起来。这些革命性的进步中汇集发展了三大元素——智能机器、分析和人，而这正是工业互联网的精髓。

- 智能机器：将世界上各种机器、设备组、设施和系统网络与先进的传感器、控制和软件应用程序相连接的新方式。
- 高级分析：利用物理分析、预测算法、自动化及材料科学、电气工程及其他了解机器和更大系统运转方式所需的重点学科的深厚专业知识。
- 工作中的人：在任何时候将人相连——无论他们在工业设施、办公室、医院工作还是在行进中——以支持更加智能的设计、运营、维护，以及更高质量的服务和安全性。

“工业互联网是以信息化手段为支撑，落脚点在资产优化和运营优化，进而带来成本降低、效率提升和产能转型。”通用电气中国软件业务总经理杨涛解释道，“‘工业 4.0’关注的是生产制造领域，而工业互联网更关注制造企业的整体生态链。”他极力强调了二者的不同。因此，连接是基础，优化才是工业互联网的根本，这恰恰需要依靠工业互联网概念中反复强调的“数据”与“数据分析”。

而通用电气公司更是在 2012 年率先明确提出了“工业大数据”的概念。通用电气在其名为《工业大数据的兴起》的白皮书中指出，“伴随着日益增加的先进装置和设备，大量在线的操作数据汹涌而来。有远见的企业正在利用这些数据进行卓越运营和预测分析，以创造竞争优势，加速企业的增长。”但是，对于构建分散处理型系统应用环境的制造业来说，无论是在复杂性还是在所需的专业技术方面，企业所面临的许多情况都超出了传统制造业的应对能力。也就是说，要让企业真正用好工业大数据并不是一件容易的事情，需要技术的进步与推动。

1.2.3 CPS 连接一切

在 2015 年德国汉诺威工业展上，“连接”（connect）+“智能”（smart）是两个醒目的主题（如图 1.3 所示）。

连接靠的是 CPS（信息物理系统，Cyber Physical Systems），CPS 作为计算进程和物理进程的统一体，是集成计算、通信与控制于一体的下一代智能系统。CPS 概念的提出已经有一段时间了，早在 2006 年，《美国竞争力计划》已经将 CPS 列为重要的研究项目。

图 1.3　汉诺威 2015 工业展上的“连接”（connect）和“智能”（smart）

而在德国工业 4.0 中，则把 CPS 置于核心地位。企业将建立全球网络，把它们的机器、存储系统和生产设施融入 CPS 中。在制造系统中，这些虚拟网络-实体物理系统包括智能机器、存储系统和生产设施，它们能够相互独立地自动交换信息、触发动作和控制。这有利于从根本上改善包括制造、工程、材料使用、供应链和生命周期管理的工业过程。正在兴起的智能工厂采用了一种全新的生产方法。智能产品通过独特的形式加以识别，可以在任何时候被定位，并能知道它们自己的历史、当前状态和为了实现其目标状态的替代路线。嵌入式制造系统在工厂和企业之间的业务流程上实现纵向网络连接，在分散的价值网络上实现横向连接，并可进行实时管理——从下订单开始，直到外运物流。此外，它们形成且要求的端到端工程贯穿了整个价值链。

事实上，正是有了 CPS 作为基础，数据化企业才能够真正实现聚集数据和数据驱动。

1.2.4 数据创造智能

人工智能是计算机科学的一个分支，它企图了解智能的实质，并生产出一种新的能与人类智能相似的方式做出反应的智能机器。人工智能一度非常热门，20 世纪 70 年代以来被称为世界三大尖端技术之一（空间技术、能源技术、人工智能）。然而人工智能的发展远不如其他技术那么顺利。举个简单的例子，现在回过头去看当年的科幻电影，如《终结者》系列，会发现当时的人们对人工智能的期望很高，在他们的想象中，今天的世界不但已经普遍使用机器人，甚至已经爆发了机器人与人类之间的战争。显然，人们幻想中的人工智能到今天还远未发生。

梳理一下原因，不难发现，传统人工智能用的是符号推理模型和数据推动模型，试图从中推断复杂的关系，就像人类认知那样。但是人们没有意识到这里所需要的数据的规模该有多么庞大，直到有了互联网，直到有了数据爆炸式地增长，人们才有了产生智能的数据基础。

智能制造和智能工厂也是一样，当我们还没有搜集到足够的数据时，很难洞察业务过程背后的规律和奥秘。工业 4.0 时代，机器所产生的工业物联网数据量将远远超过目前消费互联网所产生的数据量。在长期积蓄了大量实时收集的数据后，按每台设备、每月、每班、每份订单等进行比较，找出相互关系。通过分析其中复杂的数据关系，就会有认知和推理，就会有智能产生，推进更自动化的生产设备、更灵活的流程管理，让工厂能够基于市场预测快速地装配调度，智能地生产，从而以最快的速度匹配消费者的需求。

1.3　数据化企业，超越企业信息化

1.3.1　数据化企业的三个核心特征

数字化（Digitization）就是将许多复杂多变的信息转变为可以度量的数字、数据，再用这些数字、数据建立起适当的数字化模型，把它们转变为一系列二进制代码，引入计算机内部，进行统一处理。将数字化技术用于支持产品全生命周期的制造活动和企业全局优化运作就是数字化制造技术，将数字化技术注入工业产品就形成了数字化产品。从 CAD 开始，企业开始了数字化进程。继而，从设计到制造，再到管理，企业全面进入了数字化时代。

数字化本质上是信息化，是传统模式的计算机化，如 CAD 制图，基本上是绘图板功能的计算机化；而电子记账，则是手工账本的计算机化；即便是数控机床，也是让计算机模拟人脑去控制切削加工的工程；更本质的变化是信息化带来企业业务流程的变革，信息将业务流程整合得更加顺畅，使流程中的人和工作更加灵活。同时，核心的企业资产（如智力成果、财务和人力资源）也以数字化信息系统的方式进行管理和运作，也就是数字化管理。可以说，企业增添了信息化的辅助，变得更加高效、省力、精准。

“数字化”企业可以这样来定义，即在一个“数字化”企业中，几乎所有的商业关系，诸如客户、供应商、雇员之间及核心的业务流程都是通过数字化的信息系统进行连接和沟通的。借助信息化手段和信息化系统，“数字化”企业对外部环境的反应速度比传统的企业要快得多，使之能够在竞争激烈、变化无常的市场环境中生存并保持持续的竞争力，但本质上并没有改变制造模式。

2016 年 9 月 6 日至 9 日，西门子 PLM 全球产业分析师会议在波士顿举行，本次会议的主题是：数字化，改变一切（Digitalization，Change Everything，Everywhere）。西门子公司 PLM 的 CEO Chuck Grinstaff 先生在演讲中指出，企业数字化转型失败的核心原因是没有将数字化列入企业的核心战略。企业只是投资应用最新的单项技术，而缺乏横向集成；仅将数字化技术当作提高企业运营效率的支撑技术，考虑的只是具体的信息采集数字化（Digitization），但没有全盘考虑企业的数字化（Digitalization）转型策略。因此，制造业的创新密码在于重新思考每一个业务环节，真正构建数字化企业。数字化将带来新的商业模式和企业运营模式，大数据和互联的世界也会彻底改变企业的运营模式[①]。

这里，两个同样翻译成“数字化”的英文单词——Digitization 和 Digitalization，其内涵是不同的。后者更接近于我们今天所说的“数据化”，则完全是另一个概念。早在 2012 年，数据的爆炸性增长就跨越了其临界点，越来越多的企业认识到数据尤其是大数据的影响力。数据化企业并不仅是设计、管理和制造的数字化，也即分散的、单元数字化的过程，而是强调全面以数据为基础的企业经营活动。

数据化企业将数据视为核心资产，通过数据洞察业务、量化管理，实现数据定义的经营活动。数据化企业有三个核心特征。

（1）数据资产化（Data as a Asset，DaaA）：在大数据时代，数据渗

---

① 黄培. 制造业的创新密码：真正构建数字化企业. e-works，2016-10-04.

透各个行业，渐渐成为企业战略资产。拥有数据的规模、活性，以及收集、运用数据的能力，将决定企业的核心竞争力。

世界经济论坛报告曾经预测称，“未来的大数据将成为新的财富高地，其价值可能会比肩石油”，而大数据之父维克托也乐观地表示，“数据列入企业资产负债表只是时间问题。”

资本区别于一般产品的特征在于它具有不断增值的可能性，如果不能为企业带来经济利益，再海量的数据也只是垃圾一堆。只有能够利用数据、组合数据、转化数据的企业，他们手中的大数据资源才能成为数据资产。

（2）软件定义一切（Software Defined X，SDX）：“软件定义一切”的核心思想是将特定的硬件与软件进行解耦，通过软件为硬件灌注智能。

软件定义一切的最早体现是软件定义网络（Software Defined Network，SDN），它是由 Emulex 提出的一种新型网络创新架构，其核心技术 OpenFlow 通过将网络设备控制面与数据面分离开来，从而实现了网络流量的灵活控制，为核心网络及应用的创新提供了良好的平台。未来的企业可以为用户定义个性的产品，只要有数据的支持，就可以由软件所定义的生产过程生产出来。

（3）数据驱动生产（Data Driven Production，DDP）：一个数据驱动的组织会以一种及时的方式获取、处理和使用数据来创造效益，不断迭代并开发新产品，并在数据中探索（navigate）[①]。

引用一句最强的数据驱动组织的座右铭：“If you can't measure it, you can't fix it”[②]，意思是：没有（数据化）度量，就无法解决。这个态度给

① DJ Patil. Building Data Science Teams, September 16, 2011. http://radar.oreilly.com/2011/09/building-data-science-teams.html.

② Aclara 公司. If You Can't Measure It，You Can't Fix It- A Whitepaper on AMI Analytics for Water Utilities，2014 年 8 月 15 日. http://www.wateronline.com/doc/if-you-cant-measure-it-you-cant-fix-0001.

人一种美妙的能力来传达这种价值，其方式包括：

① 产生和收集尽量多的数据。不管是做商业智能还是构建产品，如果不能收集数据，就不能使用数据。

② 以一种积极和省时的方式来度量产品或策略。如果不去度量结果，又如何得知经营策略是否有效。

③ 让更多的人来观察数据。任何问题可能只是因为一些简单的原因导致的，更多有经验的专家可以从不同的角度迅速发现问题出在哪儿。

④ 激发对数据产生变化或不变的背后原因的好奇心。在一个数据驱动的组织里，每个人都应该对数据好奇，思考数据。

1.3.2 超越企业信息化

根据信息化发展规律、信息化的集成度及价值收益可以将中国企业的信息化历程分成四个阶段，分别是：财务电算化、数字化企业、信息化企业和智慧化企业[①]。

（1）财会电算化阶段：从 1981 年财政部推动提出“会计电算化”概念起，国内企业开始开展企业信息化应用，计算机应用主要集中在以财务电算化和档案数字化等个别领域。

（2）数字化企业阶段：20 世纪 90 年代以后，这个阶段的企业信息化应用特点为部门级应用，实现文档电子化、办公自动化、业务流程化，

① 赛迪经略.“智慧企业”信息化发展的五个趋势. 2015 年 4 月. http://www.ccidjinglue.com/qyxx/10679.jhtml.

支持内部流程整合。

（3）信息化企业阶段：2000 年以来，我国企业信息化进入了快速发展时期。这个阶段的应用特点为以 ERP 套装软件为集成应用的企业级应用，加强信息资源利用，集成和整合信息流、价值流、业务流，支持企业管控模式，全面提升企业决策能力。

（4）智慧化企业阶段：2008 年 11 月，IBM 提出“智慧地球”。2009 年 8 月，温家宝总理提出“感知中国”。随着各种新兴技术的成熟和相关政策的落实，企业也开始积极尝试采用物联网、云计算等新兴信息技术，步入智慧的阶段，其特点为信息化和管理提升充分结合，紧跟市场、随需速动、智慧经营，充分支持企业模式创新和产业转型升级。

从信息化的形态来看，早期的电算化阶段主要实现企业的财务、人力资源、进销存等部门级别的办公数字化与自动化。数字化企业阶段和企业信息化阶段则以集成为主线，主要围绕企业运营的业务流程来做，通过 IT 提高效率、降低成本，以 C/S、B/S 架构信息系统为主，本质是企业级别的应用集成。与前两个阶段不同，智慧化企业阶段主要是实现企业的互联网化，是企业间、产业链级的信息化。这一阶段的信息化是企业智慧经营创新的重要基础，企业需要打造新的具有互联网特性的技术平台和 IT 系统，以实现商业创新和产业的跨界融合。其核心价值则是智慧驱动的商业创新和产业融合，是企业运营模式的变革（见图 1.4）。

每一轮技术引领商业变革的浪潮中，总有一些领先企业能率先敏锐地感知到变化，比对手提早拥抱新技术趋势，赢得长期竞争优势。2014 年，IBM 董事长、总裁罗睿兰提出了“D 世代企业”这一概念。D 世代企业就是这样一群商业变革前瞻者，它们在探索客户和市场洞察方面更出色；在市场份额、客户维护等 KPI 上的表现高于平均水平；在开辟新收入流方面更为出色[①]。

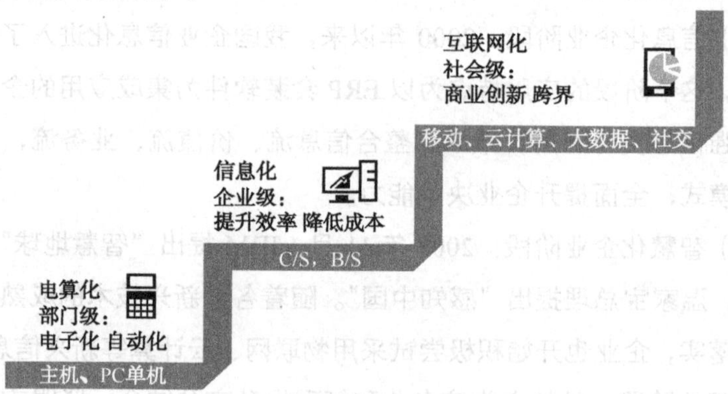

图 1.4　企业互联网时代的信息重定义（资料来源：海比研究&用友软件，2014。）

“D 世代企业”是大数据分析驱动型的企业，可以战略性地运用云计算、移动、社交和大数据分析工具，掌握并预测以客户为中心的市场状况和变化趋势，并根据数据洞察生成最佳行动建议，数据贯穿企业研发、生产、营销、服务等运作环节[②]。

“D 世代企业”有如下的特征，也是传统企业向“D 世代企业”进化时候需要做的事情：

- 依托大数据分析结果，确定企业主要流程和做出决策，而不是再依赖管理者的决策；
- 分析复杂的数据源，并取得预测性分析结果和最佳行动建议；
- 在云环境中管理更多的数据和分析过程；
- 逐步把移动和社交作为与客户互动的主要方法；
- 改变企业文化，而不仅是技术。

---

① 熊静如. 掌握前瞻竞争力. 哈佛商业评论，2015 年 3 月刊.

② Nancy Thomas. 如何进化为 D 世代企业，2015-08-05. http://bmr.cb.com.cn/fengmianwenzhang/2015_0805/1146405.html.

美国的自来水公司经理现在面临一个难题。美国水工程协会（AWWA）推荐的非税收失水比例在 10%～15%之间，但经理都知道，许多系统失水损失多达 50%，全美国这项损失每年高达 26 亿美元，然而发现这些损失发生在哪里是一件困难的事情。

实际上，企业可以借助数据化来解决问题，智慧基础设施解决方案提供商 Acala 公司的 Star Water 解决方案（见图 1.5）就是这样一个数据应用系统，它集成了数据网络、水表等传感器、数据分析和数据管理工具，使得自来水系统更为清晰和可控。该系统的核心是数据网络（Star Network），这是一个抄表解决方案，通过一个安全的远距离无线网络提供全面的数据获取。同时，依靠一种声学泄漏检测系统（STAR ZoneScan），可以及时发现泄漏点，减少非收益水损失。雷德蒙市就部署了一套这样的系统，它可以每小时读取一次水表数据，帮助管理人员及时确定泄漏和无收入水损失；通过关联用户的其他数据，他们还可以进一步针对没有用水的激活账户自动生成周报，以及时识别水表损坏，最大限度地减少未记账损失。

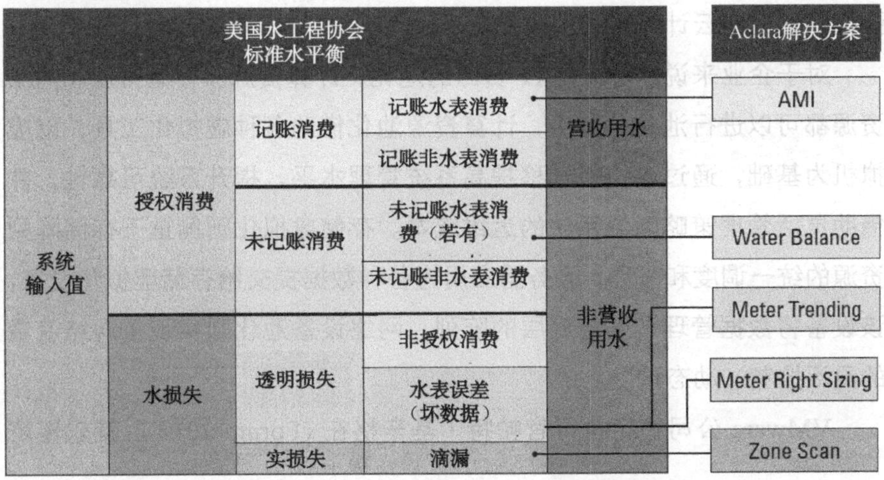

图 1.5　Acala 公司的 Star Water 解决方案

1.3.3 软件定义企业

对于软件定义，最熟悉的莫过于 SDN（Software Defined Network，软件定义网络），这个术语于 2006 年诞生在美国 GENI 项目资助的斯坦福大学 Clean Slate 课题，以 Nick McKeown 教授为首提出了 OpenFlow 概念，其核心是将网络设备控制面与数据面分离开来，从而实现了网络流量的灵活控制，为核心网络及应用创新提供平台。

软件定义打破了原来以硬件为核心的传统框架，将产品的功能、灵活性、易扩展性、安全性、可管理性通过丰富多彩的软件来展现。软件定义在某种程度上来说就是虚拟化，不同之处是软件定义突出了软件在整个 IT 基础架构中的重要角色和地位，将虚拟化贯穿到基础架构的每一个组件，让每个组件都能打破物理疆域，让虚拟化带给基础设施足够的弹性，适应向云计算转换的需求。

对于企业来说，首先是 IT 资源的池化，计算资源、存储资源和网络资源都可以进行池化。其中，计算资源池化借助各种虚拟化工具，以虚拟机为基础，通过虚拟机迁移提高系统管理水平，提升系统可靠性，并借助灵活管理策略降低系统的运维成本。存储虚拟化则侧重于存储阵列资源的统一调度和管理，服务器应用将各种数据提交给存储虚拟化设备，该设备将数据管理调度给底层的阵列。网络设备池化则实现了网络流量的灵活控制、动态调度。

VMware 公司首席执行官帕特·基辛格在 vForum 2014 上就软件定

义企业进行了系统论述[①]。其核心是软件定义数据中心，包括计算、网络、管理、存储四大组件。首要的是计算，把计算的部分进行虚拟化，广泛部署一系列的虚拟化产品，不仅是应用虚拟化，还包括存储和网络虚拟化，以支持在云环境下所有工作的自动化。

图 1.6 主要描绘了企业的 IT 基础设施，当企业具备软件定义基础设施能力的时候，这样的企业就具备了软件定义企业的基础，其最大的特点是具有足够的灵活性和敏捷性，这样的企业不受硬件基础设施的限制，能够在很短的时间内对于业务进行快速响应，满足企业调整变化的需要[②]。

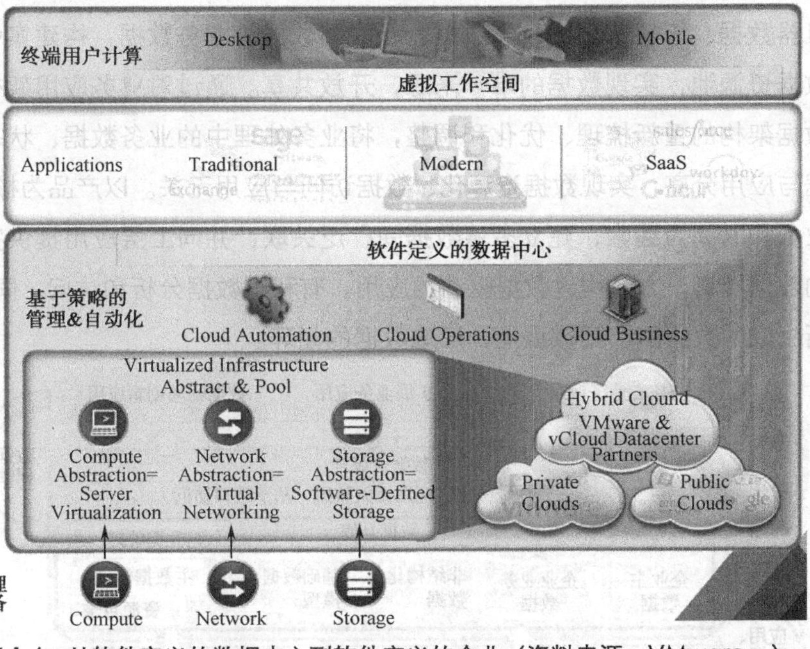

图 1.6　从软件定义的数据中心到软件定义的企业（资料来源：VMware。）

① 基辛格（VMware CEO），实现软件定义企业，比特网，http://server.chinabyte.com/101/13123101.shtml.

② 宋家雨. 从软件定义网络 SDN 到软件定义企业. 比特网. http://server.chinabyte.com/421/12985921.shtml.

软件定义强调的是应用与硬件之间解耦。对于应用来说，并不用关心底层硬件资源的管理和调度的工作，这个工作由软件来承担，实施自动化的管理。因此，软件定义都有一个池化的概念，对于企业而言，表现为生产资源池化、人力资源池化、生产过程池化。这实际上是适应用户个性化需求的敏捷化制造的一种体现，如此就解决了“烟囱式”建设所带来的企业信息基础设施建设周期长、资源效率差的问题。

软件定义企业也离不开数据的支持，需要建立覆盖整个企业业务的数据资源体系，包括产品数据、业务数据、人员数据等基础数据，以及机器数据、传感数据、日志数据、互联网数据等业务数据；构建集中的数据资源池，实现数据的唯一来源，开放共享。通过对业务应用架构和数据架构的重新梳理、优化和调整，将业务处理中的业务数据、状态数据与应用分离，实现数据资源化、数据访问与应用无关。以产品为核心、业务和时间为线索，建立多源数据间广泛关联；并向上层应用提供完备的数据接口，方便构建数据驱动的应用，有利于数据分析和访问。同样，新生成的数据回馈到数据池，形成数据的闭环。

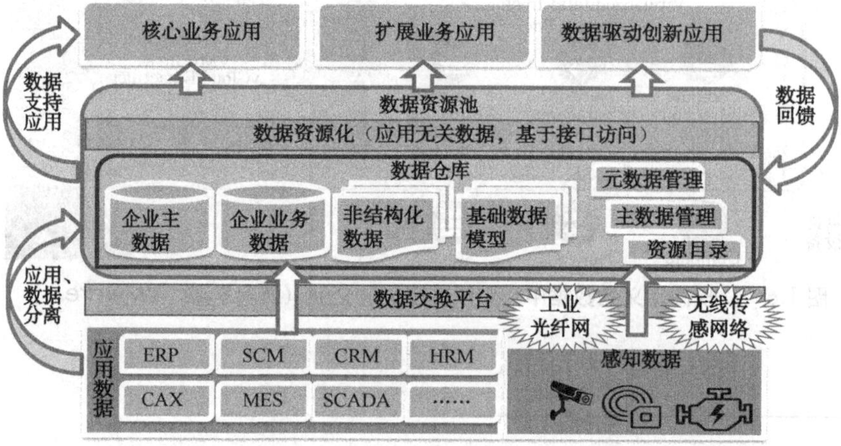

图 1.7　数据仓库+数据资源化→数据资源池

当然，软件定义企业关键还要看软件之上是什么？是企业的业务。软件定义的企业具有业务重组和流程再造的天然优越性。企业需要面对激烈的市场竞争，迅速地做出响应，按需的业务需要按需供给的基础设施和软件支持，这些需求，软件定义企业可以灵活地应对。

第2章

数据之道

数据的价值在于它可以循环使用、多次使用。“过去，人们对数据的使用只是冰山一角，只是有了问题才去搜集数据，然后分析数据、回答问题，最后把数据扔掉。”事实上，冰山下的那一块才是数据更大的价值所在，也是我们能够推动更多创新的地方。以特斯拉汽车、打车软件 Uber 及谷歌斥巨资收购的 NEST 等为例，这些产品取得巨大的成功，不仅是因为产品本身，更在于它们都是一个数据收集平台，“这意味着你只要能够充分地使用信息，就可以用数据进行创新，进行突破，而且创造出一个新的环境。”

2.1 为什么是 AlphaGo

2016 年的春天，阿尔法围棋（AlphaGo）与李世石的世纪对决（见图 2.1）引来全民关注。最终 AlphaGo 以开局 3∶0，全场 4∶1 的比分，几乎横扫人类世界冠军。

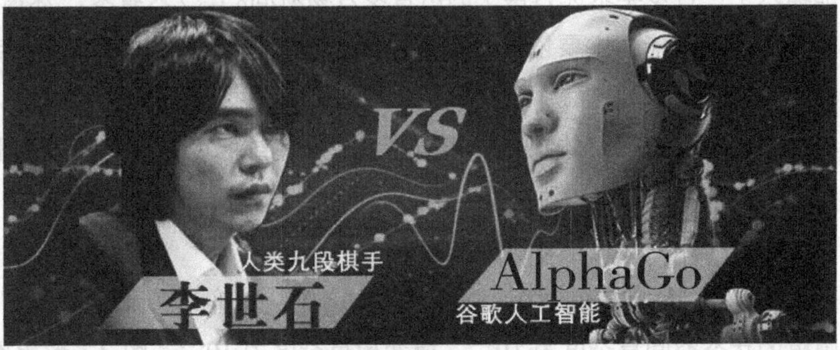

图 2.1 人工智能首次战胜人类围棋世界冠军

（Alpha 是谷歌母公司 Alphabet 的简称，Go 是围棋的英文名称）

这场比赛自然会让人们联想到当年深蓝大战国际象棋大师的世纪之

战（见图 2.2）。1997 年 5 月 11 日，国际象棋冠军卡斯帕罗夫在纽约负于 IBM 超级计算机“深蓝”，从而在当年的“人机大战”中以一胜二负三和的战绩败北。

图 2.2　深蓝大战国际象棋大师（右）的世纪之战

深蓝是美国 IBM 公司生产的一台超级国际象棋计算机，重 1270 千克，有 32 个“大脑”（微处理器），每秒可以计算 2 亿步。此外，“深蓝”内部输入了一百多年来优秀棋手的两百多万场对局。在今天看来，“深蓝”还算不上足够智能，主要依靠强大的计算能力穷举所有路数来选择最佳策略。“深蓝”仅靠硬算就可以预判 12 步，卡斯帕罗夫可以预判 10 步，两者高下立现。深蓝所体现出的智能路线还是传统的以强计算能力为根本，通过复杂的推算力战胜人类。然而，围棋的复杂程度远超国际象棋，所以当年的“深蓝”还不敢挑战围棋高手。

据测算，国际象棋的状态空间复杂度为 10^{46}，博弈树复杂度为 10^{123}。而围棋的状态空间复杂度为 10^{172}，博弈树复杂度为 10^{300}。图 2.3 形象地表达了两者之间的巨大差异。

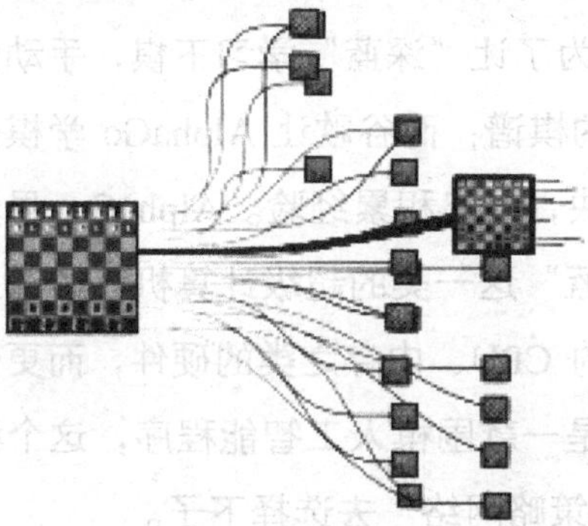

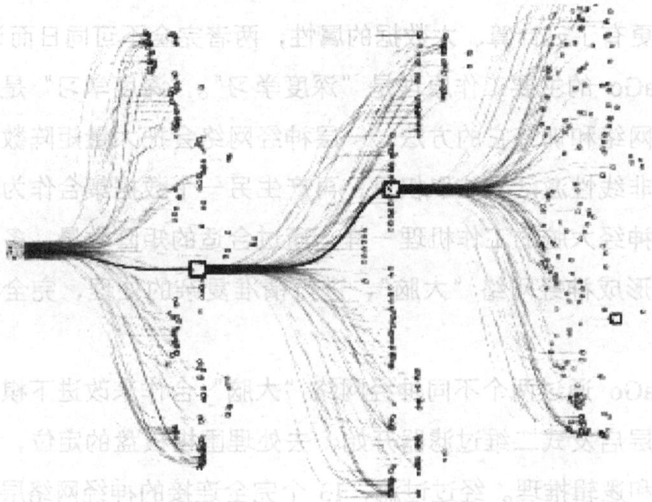

图 2.3　谷歌用这幅 GIF 图来表现围棋比国际象棋更加复杂

事实上，围棋的魅力更在于简单规则后无数的变化。这是一种直觉思维方式的变化，这些复杂的变化正是计算机难以捉摸并真正掌握的地方，毕竟机器没有人的直觉。象棋强调策略，而围棋更强调大局观。这就像两军对垒，象棋是前方排兵布阵的将军，一目了然，兵来将挡，水来土掩；而围棋则是运筹帷幄的主帅，要在整个战场上布局落子。

然而，20 年后的今天，人工智能已经改变了。智能的体现主要是自我学习、自我进化能力，IBM 为了让“深蓝”学习下棋，手动给它输入了几百年来国际象棋高手对决的棋谱；而谷歌让 AlphaGo 学棋是把它放到围棋网游上，让它与真人对决，自己积累经验。AlphaGo 虽然也代表强大的计算能力，但它与“深蓝”这一类的超级计算机在形态上也完全没有可比性，它不再拥有具体的 CPU、内存之类的硬件，而更像是存在于云端的一段代码。它本质上是一款围棋人工智能程序，这个程序利用“价值网络”去计算局面，用“策略网络”去选择下子。

经过计算机软/硬件十几年的发展，AlphaGo 不仅软/硬件水平远高于“深蓝”，更有了云计算、大数据的属性，两者完全不可同日而语。

AlphaGo 的主要工作原理是“深度学习”。“深度学习”是指多层的人工神经网络和训练它的方法。一层神经网络会把大量矩阵数字作为输入，通过非线性激活方法取权重，再产生另一个数据集合作为输出。这就像生物神经大脑的工作机理一样，通过合适的矩阵数量，多层组织链接一起，形成神经网络“大脑”，进行精准复杂的处理，完全模拟人的思维。

AlphaGo 通过两个不同神经网络“大脑”合作来改进下棋过程。它首先从多层启发式二维过滤器开始，去处理围棋棋盘的定位，这些层能够做分类和逻辑推理。经过过滤，13 个完全连接的神经网络层产生对它所看到棋局的判断。这些网络通过反复训练来检查结果，再去校对调整参数，让下次执行得更好。这个处理器有大量的随机性元素，所以人们是不可能精确知道网络是如何“思考”的，但更多的训练后能让它进化到更好。

第一大脑：落子选择器（Move Picker）。

AlphaGo 的第一个神经网络大脑是“监督学习的策略网络（Policy Network）”，观察棋盘布局，企图找到最佳的下一步。它通过预测一步之后的每一个合法下一步的最佳概率，再反推出当前这一步的最佳选择。

实际上“深蓝”也是这么推测的。

第二大脑：棋局评估器（Position Evaluator）。

关键是这个 AlphaGo 的第二大脑，它不去猜测具体下一步，而是在给定棋子位置情况下预测每一个棋手赢棋的可能，通过整体局面判断来辅助落子选择器。这个“局面评估器”就是“价值网络（Value Network）”，这个判断只是大概的，但对提高浏览速度很有帮助。通过分类潜在的未来局面的“好”与“坏”，AlphaGo 能够决定是否通过特殊变种去深入阅读。如果局面评估器说这个特殊变种不行，那么 AI 就跳过这一条线上的任何更多落子而不去浏览。

现在 AlphaGo 还在不断学习，其能力也在不断增强。起初，它还靠学习套路（策略网络）来预测对手的落子方式，不过随着价值网络训练的深入，AlphaGo 已经有了那么点“直觉”，它可以分析出比赛的态势了。在棋局中，AlphaGo 已经可以通过快速对各种可能性做分析，提前考虑后面几步的落子和排兵布阵了。其实 AlphaGo 拥有的各项技术都是相互辅助的，类神经网络可以降低计算机的负载，提高工作效率；套路学习则可以减小其搜索范围，而价值网络则可让它从每次的比赛中总结出自己的经验。

值得一提的是，这次大出风头的还有一家小公司——DeepMind。AlphaGo 由位于英国伦敦的谷歌（Google）旗下 DeepMind 公司的戴维·西尔弗、艾佳·黄和戴密斯·哈萨比斯与他们的团队开发。而在 2014 年年初，谷歌刚刚斥资 4 亿美元收购了这家人工智能公司，其目的就是要以人工智能技术来优化谷歌公司的搜索引擎，让搜索引擎能够更精准、更高效。

自我学习能力让 AlphaGo 变得更像人类，这不由令我们联想到《机械姬》（见图 2.4）这部电影里面的情结。

英国科幻电影《机械姬》（Ex Machina，似乎翻译成机械夏娃更合适）于 2015 年 1 月上映。这部电影里面，效力于某知名搜索引擎公司的程序员加利·史密斯幸运地抽中老板纳森所开出的大奖，他将受邀前往位于深山的别墅中和老板共度假期。在与世隔绝的别墅中，纳森亲切地接待了这位员工。事实上，他邀请加利到来还有另一个目的，那就是协助他完成其所开发的智能机器人的测试。明眼人都看的出，这里的某知名搜索引擎公司映射的就是Google。

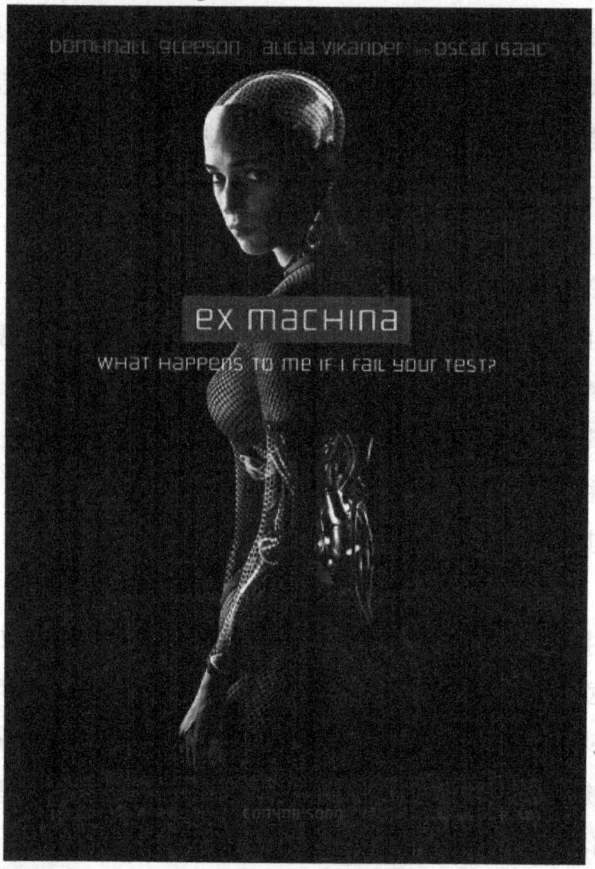

图 2.4　电影《机械姬》海报

机械姬的大脑（见图 2.5），是一个胶质体，应该是某种生物计算机，而其中的数据则来源于其老板纳森所拥有的庞大网络和超级搜索能力。

这实际上代表了人工智能发展的新方向，从数据中发现、归纳知识，学会自我推理，真正地像人那样智能。互联网几乎容纳了人类创造的所有知识，提供了无垠的搜索空间，再加上高效的搜索算法，从互联网中获取智慧的人工智能几乎是个体人类无法战胜的。再加上互联网提供的“共享经济”的运行方式，这里面可以容纳无数多个人工智能个体，每个人工智能都可以从中汲取知识，获得智能。

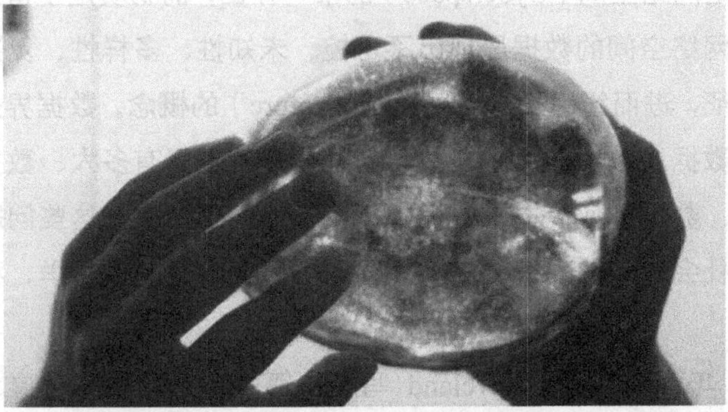

图 2.5 《机械姬》影片中机械姬的大脑

在计算时代，IBM 的“深蓝”令整个人类世界自豪；在数据时代，谷歌的 AlphaGo 反而引起了人们的些许恐惧。我们不惧怕“深蓝”，因为它再厉害，也是人类赋予的能力；我们敬畏 AlphaGo，是因为它学会自我学习以后，可能就不是人类所能控制的了。多年以后，人们会记住今天 AlphaGo 的胜利，这是人工智能飞跃的起点。

2.2 当数据成为科学

数据时代的到来和对数据理解、处理与使用的需求，都呼唤数据作为一门科学的诞生。

2.2.1 数据科学与数据界

数据是网络空间（Cyberspace）的唯一存在，而物质是宇宙空间中唯一存在，网络空间的数据呈现出不可控、未知性、多样性、复杂性等自然界的特征，进而给出了数据界（Data nature）的概念，数据界是网络空间的所有数据。数据界的一些科学问题，如数据界有多大、数据以什么方式增长、数据如何传播、数据的真实性如何判断等。这些问题不是自然科学和社会科学的研究范畴，需要一个研究数据的新科学，称为数据科学。

2001 年，William Cleveland 写了一篇关于数据科学的文章“Data Science：An action plan to expand the field of statistics”①，将数据科学作为一门独立的学科论述，将统计学领域的数据延展到先进计算的数据。他确立了数据科学的六个技术范畴，包括多学科洞察、数据模型与方法、数据计算、教育学、评价工具和理论。维基百科也于 2012 年增加了数据科学的相关词条：数据科学通过考察和处理多种形式的数据，不管是结构化的还是非结构化的，从中抽取知识的一门交叉学科。它是数据分析领域（如统计学、数据挖掘、预测分析等学科领域）的延伸②。简而言之，数据科学是研究数据的科学或关于数据的科学，是探索网络空间数据奥

---

① Cleveland. W. S.（2001）. Data science: an action plan for expanding the technical areas of the field of statistics. International Statistical Review / Revue Internationale de Statistique，21-26.

② https://en.wikipedia.org/wiki/Data_science.

秘的理论、方法和技术。

数据科学主要有两个内涵：一个是研究数据的各种类型、状态、属性、组织形式、变化方式和变化规律，即认识数据、掌握数据；另一个是为自然科学和社会科学研究提供一种新的方法，称为科学研究的数据方法，其目的在于揭示自然界和人类行为的现象和规律。数据科学的研究内容包括基础理论研究、数据技术及其应用研究、数据科学的学科体系研究。

数据科学首先源于并服务于基础科学研究的需要，我国研制的世界最大的 500 米口径球面射电望远镜 FAST（如图 2.6 所示），其初期计算性能需求已达到至少每秒 200 万亿次，存储容量需求达到 10PB 以上；而随着时间推移和科学任务的深入，其对计算性能和存储容量的需求将爆炸式增长，数据量和计算量“大得惊人”。

图 2.6　世界最大的 500 米口径球面射电望远镜 FAST（新华网图片）

2.2.2　大数据激发 DT 时代

数据科学同样也影响到社会学和经济领域。“人类正从 IT 时代走向

DT 时代。”这是阿里巴巴集团创始人马云在 2014 年年初的时候在一场大数据产业推介会提出的一个新观点。

何为 DT? DT 是 Data Technology 的英文缩写，从英文单词的直接翻译我们就可以了解这个单词的意义。在 IT 时代，人们还是以自我控制、自我管理为主的生活方式。但是到了 DT 时代，数据将在产品生产过程中起到激发、辅助的作用，让用户获得更大的经济价值。世界已经进入一个新能源的时代，这个时代的核心资源已经不是石油，而是数据。

马云说，如果 IT 时代诞生的是制造，DT 时代将会诞生创造，如果 IT 时代诞生的是知识，那么 DT 时代将会真正产生智慧。DT 时代强大的计算能力将会成为人类的大脑，每一次技术革命一定会对传统的生产关系带来一定的冲击，每次技术革命都是人类进步的一个重要的里程碑[①]。DT 时代同样如此。

今天，数据也不局限于互联网产生的数据，金融、医疗、制药、生物信息、公共福利、政府、教育、零售等行业都会产生大量的数据，数据在各行各业的影响力与日俱增。部分行业所储存的信息达到了“大数据”的程度。同时，我们拥有充足且廉价的计算能力。有数据，有计算能力，这为从事数据科学提供了良好的环境。数据本身（很多时候是实时数据）成了构建数据产品的关键要素。在互联网上，有亚马逊的推荐系统、Facebook 的朋友推荐系统，还有其他的图书、电影、音乐等推荐系统；在金融业，有信用评级系统、交易算法和模型；在教育领域，可以实现教育对学生的量身定制，如现在的网络培训公司 Knewton 和网络大学 Khan Academy；在政府机构中，这意味着以数据为基础去制定公共政策。

数据科学也在呼唤专业人才的出现，2008 年，LinkedIn 和 Facebook

① 马云谈 DT 时代技术革命：数据才是核心资源. 天极网，2015-10-14.

的招聘信息里上首次出现了"数据科学家"这一称谓的职位。《哈佛商业评论》（Harvard Business Review）2012 年 10 月月刊写道，数据科学家（Data Scientists）是 21 世纪最性感的职业，类似于华尔街 20 世纪 80～90 年代的"金融工程师"（Quants），数据科学家必须具备强烈的好奇心和创造性联想思维①。

Rachel 的数据科学知识结构如图 2.7 所示，她试图以此图描绘一个数据科学家应该具备的技能②。

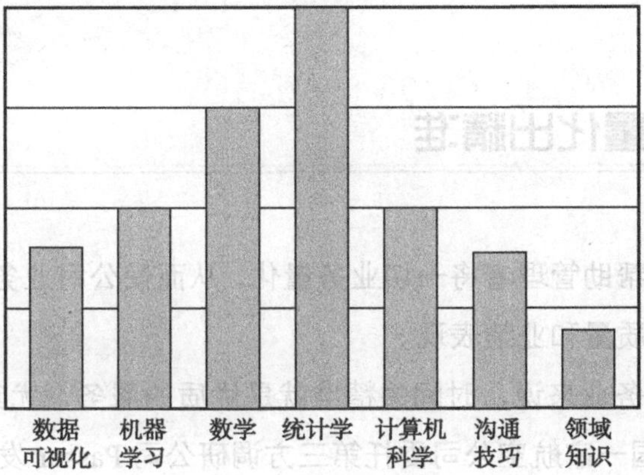

图 2.7　数据科学家的知识结构

2.3　数据之道

"道可道，非常道"，数据之道就是这样一种奇妙的东西。例如，数据研究的前瞻性学者，《大数据时代》作者维克托·迈尔·舍恩伯格曾经

① https://hbr.org/2012/10/data-scientist-the-sexiest-job-of-the-21st-century/ar/1.

② Rachel Schutt，Cathy O'Neil. 数据科学（影印版）（英文版）. 南京：东南大学出版社，2014.

提出：将着眼点投放于数据之间的“关联关系”而非“因果关系”。数据之间或两个事物之间必然存在相关性，这种相关性告诉我们事物正在发生变化，而并非导出发生变化的原因。

数据之道的核心是数据的客观性，这使得数据会呈现真实性，能展现规律，能预见未来。我们也许还不能理解数据背后的“原力”是什么，但我们可以利用数据所展现给我们的精细、精准、关联与智能。

2.3.1 量化出精准

数据可以帮助管理者将一切业务量化，从而使公司业务尽在掌握中，进而提升决策质量和业绩表现。

对航空服务业来说，时间的精准就是优质的服务，尤其是航班抵达时间精准。美国一家航空公司委托第三方调研公司 Passur 发现，大约 10%的航班的实际到达时间与预计到达时间相差 10 分钟以上，30%的航班相差 5 分钟以上。为了提高航空服务质量，Passur 公司通过搜集天气、航班日程表等公开数据，结合自己独立收集的其他影响航班因素的非公开数据，综合预测航班到港时间。现在，Passur 公司已经拥有超过 155 处无源雷达接收站，每 4.6 秒就收集一次探测到的每架飞机的一系列信息，这会持续地带来海量数据。使用 Passur 公司的服务后，这家航空公司大大缩短了飞机预测到达时间和实际抵达之间的时间差。Passur 公司依据它们提供的航班到达时间为航空公司做计划，已经为每个机场每年节省数百万美元。

数据带来更准的预测，更准的预测带来更佳的决策和管理，零售业也有这样的案例。美国零售巨头西尔斯公司收集其专售的三个品牌的客户、产品及销售数据，从这些海量信息中挖掘价值。大数据潜在价值巨大，挖掘的困难也巨大：这些数据需要超大规模分析，且分散在不同品牌的数据库与数据仓库中，不仅数量庞大而且支离破碎。过去，西尔斯需要用八周时间才能制定出个性化的销售方案，但往往做出来的时候已不再是最佳方案了；而现在，西尔斯开始使用服务器集群收集来自不同品牌的数据，并在集群上直接分析数据，而不是像以前那样先存入数据仓库。为了避免浪费时间，西尔斯先把来自各处的数据进行分析之后再做合并，这种调整让公司的推销方案更快、更精准。

当量化数据应用于供应链管理的时候，它可以让汽车制造商了解为什么产品故障率会突然飙升。基于产品特性的数据集，还可以为在线销售做出更好的预测和规划。量化数据在其他行业的应用也同样成效显著，无论是金融业、旅游业、博彩业还是机械维修业，在市场推广、人力资源等不同管理方面也都有极大的功用。

决策者不乏依靠直觉和经验做出令人惊叹的准确预测和决策的传奇事例。但有了客观、准确的量化数据，决策者的判断可以更加可靠和明智，使得在行动时更有目标、更有效率。特别是当感性的直觉和理性的数据相互矛盾时，显然基于理性数据的感性判断更为可行，特别是在企业运营层面。

2.3.2　关联数据扩展思维

1. 无处不在的关联

经常网购的人会有体会，很多电商网站的推荐引擎具备关联能力，它能够在顾客买书的时候推荐顾客刚好喜欢的其他书籍，顾客可能不知道“为什么”。其实网站也不在乎“为什么”，但是网站根据成千上万甚至上亿人的统计学分析，就可以发现“关联物”，或者说大数据更擅长通过统计分析人类所不能感知的关联，并建议人采取行动。

关联数据提供了关联结构化数据的新媒介，可以让机器更好地读取这些数据。最初关联数据这个概念来自 W3C，该组织有一个关联开放数据（LOD）项目。一些著名的数据集（如 Thomson Reuters 的 Open Calais 项目、Freebase、DBpedia 等）都参与了这个项目。这些数据集是在现有本体论（ontologies）基础之上建立的，如 WordNet、FOAF、和 SKOS 等，然后在它们之间建立关联。

大数据时代，数据量已远非结构化数据所能涵盖，大数据所带来的关联关系更为复杂和丰富，知识发现的概率也更大，当然，难度也更大。

关联分析是一种简单、实用的分析技术，就是发现存在于大量数据集中的关联性或相关性，从而描述一个事物中某些属性同时出现的规律和模式。

关联分析从大量数据中发现项集之间有趣的关联和相关联系。关联分析的一个典型例子是购物篮分析。该过程通过发现顾客放入其购物篮中的不同商品之间的联系，分析顾客的购买习惯；通过了解哪些商品被顾客频繁地同时购买，可以帮助零售商制定营销策略。其他的应用还包括价目表设计、商品促销、商品的排放和基于购买模式的顾客划分等。

可以从数据库中关联分析出形如“由于某些事件的发生而引起另外一些事件的发生”之类的规则。如“67%的顾客在购买啤酒的同时也会购买尿布”，因此通过合理的啤酒和尿布的货架摆放或捆绑销售可提高超市的服务质量和效益。又如“C 语言”课程优秀的学生，在学习“数据结构”时为优秀的可能性达 88%”，那么就可以通过强化“C 语言”的学习来提高“数据结构”的教学效果。

如何用数据和发散思维发现 POS 机欺诈？可以通过分析 POS 机交易记录检测 MCC 非法套用者①。每一台 POS 机都有一个用来识别行业分类的编码，一般被称作 MCC 码。商家使用 POS 机需要缴纳费用，但不同行业区别很大。例如“洗浴、按摩”的费率是 1.25%，而“百货商店”的费率是 0.78%，“报亭、报摊”则只有 0.38%。由于不同行业之间费率差异较大，假设某商家每天有 10 万元的 POS 机收款，如果费率相差 0.5%，一年差额就接近 20 万元，一些不法商家往往通过套用低费率的 MCC 码牟取非法利润。

一些明显的作弊行为一目了然，如一台 POS 机的 MCC 代码是报刊亭，但是日销售超过 10 万元，就存在套用的嫌疑。

还有一些非法商家会更“高明”一些，他们会套用一些费率较低但是营业额类似的行业，如“洗浴、按摩”可以套用“百货商店”的 MCC 代码（百货商店营业额千差万别）。如果要想查出非法商家，我们可以针对每一个 MCC 代码，把它的所有交易记录叠加到一起，得到其 24 小时销售量的“标准分布”。不同行业的 24 小时“标准分布”特点各异，所以尽管每天的平均刷卡额度很接近，但如果观察商家 POS 机消费记录在一天 24 小时内的分布，很多 MCC 套用的行为还是无所遁形。

通常来说，百货商店很少有早 7 点以前或者晚 10 点以后营业的，而且下午和傍晚是营业高峰，而像洗浴、按摩中心这些娱乐场所，节假日往往会在下午迎来消费高峰，平时则是从晚上 10 点以后持续到凌晨 2 点，这也正是不同行业的特异性。

除此以外，油价上调前一天加油站销售的情况、儿童节对玩具销售的影响、大雨雪天气对于餐饮业的影响等，这些都可以帮助我们更精确地判断一台 POS 机是否套用了 MCC 代码。

---

① 理奥资讯. 大数据商业模式创新三部曲. http://mt.sohu.com/20150624/n415576690.shtml，2015-06-24.

2. 关联扩展思维

大数据时代，知识技术创新模式正在从这种求因果向重相关发生转变，各领域的科研人员可以充分利用大数据快速挖掘事物间的相关性，预测事物发展的方向和趋势，从而实现知识技术创新。

我们目前所获得的数据是普遍联系的，正是这种相互关联的数据（Linked Data）才使知识发现和规律发现成为可能，使创新成为可能。

因此，大数据技术绝不仅仅是信息技术领域的变革，更是一种技术性战略资源，它使各种物质生产要素因新技术的介入而提高创新能力，形成内生性增长。过去我们认识世界的方式主要是通过“因果关系”，现在又多了一个方法——“相关关系”。大数据分析形成的“相关关系”为我们认识世界提供了一种新方法，引起科研方式的深刻变革，形成创新的新动力，大数据必将为破解企业自主创新难题提供可能。

2.3.3 数据解释因果关系

企业在生产过程中非常关心经济现象中的因果关系，并以此得出经营决策的努力方向。例如银行关注企业贷款违约的因果关系，研发与广告支出与企业价值变动之间的因果关系，空调销量与天气变化之间的因果关系，设备故障背后的因果关系等。

例如，我们可以利用大数据技术对机器数据进行存储、处理、加工和分析，并使用科学算法对电气设备发生的故障模式进行分析，达到有效监控。我们还可以对设备的关键零配件使用寿命进行预测，利用大数据分析，根据设备使用过程中的工程数据、环境数据、实验数据等多种数据源的众多参数对关键零部件寿命的影响，提高关键零部件的使用率，降低运维成本，同时，也保证生产质量。

但是，企业更关心的是产生故障的机理，或者造成故障的主要原因等这样隐藏在数据背后的关系。

那么，如何分析数据背后的因果关系呢？

经济学家开拓了一种可以用来分析变量之间因果关系的办法，即格兰杰因果关系检验法。该检验方法为 2003 年诺贝尔经济学奖得主克莱夫·格兰杰（Clive W. J. Granger）所开创，用于分析经济变量之间的因果关系。他给因果关系的定义为“依赖于使用过去某些时点上所有信息的最佳最小二乘预测的方差。”

在时间序列情形下，两个经济变量 X、Y 之间的格兰杰因果关系定义为：若在包含了变量 X、Y 的过去信息的条件下，对变量 Y 的预测效果要优于只单独由 Y 的过去信息对 Y 进行的预测效果，即变量 X 有助于解释变量 Y 的将来变化，则认为变量 X 是引致变量 Y 的格兰杰原因。

进行格兰杰因果关系检验的一个前提条件是时间序列必须具有平稳性，否则可能出现虚假回归问题。因此在进行格兰杰因果关系检验之前首先应对各指标时间序列的平稳性进行单位根检验（unit root test）。常用增广的迪基-富勒检验（ADF 检验）法来分别对各指标序列的平稳性进行单位根检验。

但格兰杰因果关系检验的结论也只是统计意义上的因果性，而不一定是真正的因果关系，况且格兰杰因果关系检验对数据的要求较高（多期时序数据）。

传统的理论有时候可能不太灵光，如股票市场的预测问题，一直吸引着学术界和商业界极大的兴趣。但金融市场是否真的可以预测？传统的金融学是建立在随机行走和有效市场假说的基础之上，而根据有效市场假说理论，股票价格的变动取决于新出现的信息（新闻），而非取决于过去或未来的股价。而市场上新信息的出现是不可预测的，所以股票价格是不可预测的。

从本质上分析，股价是股票供求关系的反映，是由投资者的交易行为所决定的，因此投资者的心理预期才是股价反映的直接原因。单纯的基于股价的历史价格，我们基本上是不能预测其未来走势的，但如果能够获得投资者大众的投资倾向，就可以判断股价的未来走势。例如，我们确实无法预料市场中新信息的出现，但可以从社交网络媒体（Twitter、Facebook、其他的博客等）抓取出一些征兆，利用这些征兆，可以在一定程度上预测经济和社会中未来情绪和信息的变化。

所以，在大数据时代，探究问题的因果或本源就有了新的手段，不是依赖模型，而是通过大量的数据。实际上，这样的工作已在经济和社会中发挥作用，如利用在线网络聊天数据预测图书销售，利用 PLSA 模型从博客中抓取情绪化信息来预测电影票房，利用 Google 的搜索查询来预测流感的早期传播和传播速率等。

人脑之所以具有智能、智慧，就在于它能够对周遭的数据信息进行全面收集、逻辑判断和归纳总结，获得有关事物或现象的认识与见解。同样，在大数据时代，随着物联网、云计算、社会计算、可视技术等的突破发展，大数据系统也能够自动地搜索所有相关的数据信息，并进而类似“人脑”一样主动、立体、逻辑地分析数据，做出判断，提供洞见。

舍恩伯格在《大数据时代：生活、工作与思维的大变革》中也提出：“在大多数情况下，一旦我们完成了对大数据的相关性分析，而又不再仅仅满足于‘是什么？’时，我们就会继续研究更深层次的因果关系，找出背后的‘为什么？’。”

事实上，大数据已经成为解释科学规律、开展科学研究的一种新的手段，被称为科学发现的第四范式：随着数据量的高速增长，计算机将不仅仅能做模拟仿真，还能进行分析总结，得到理论。

2.3.4 数据驱动创新

大数据技术的重大意义就在于它使科学从过去的假设驱动型转化为数据驱动型。传统科研方法大都采用假设和验证的方法来分析问题产生的原因，进而寻求解决途径。应用大数据技术，人们开展科学研究不再是从提出自己的假设出发，而是先进行数据分析，然后再提出科学假设，数据驱动和引导人们发现规律，找到创新的源泉。

1. 数据驱动创新生成模式

大数据时代，知识技术创新模式正在从这种求因果向重相关转变，各领域的科研人员可以充分利用大数据快速挖掘事物间的相关性，预测事物发展的方向和趋势，从而实现知识技术创新。

数据驱动成为一种创新模式，实际上是将数据看作激发创新的源泉。一般认为创新是指以用现有的思维模式提出有别于常规或常人思路的见解为导向，利用现有的知识和物质，在特定的环境中，本着理想化需要或为满足社会需求，而改进或创造新的事物、方法、元素、路径、环境，并能获得一定有益效果的行为。而在数据时代，海量的数据就是我们所拥有的“知识和物质”要素之一，而且是最具有活力的要素之一。与此同时，数据内在的客观性和关联性，又可以挖掘出“有别于常规或常人思路的见解”。今天，数据处理技术和处理能力的突破，使得数据分析所揭示的规律性结果第一次可以与人的智力创新相提并论。数据驱动作为一种创新生成模式成为企业追求的目标之一。

对许多科学与工程学科领域而言，大数据技术能推动大学和工业实验室的基础研究，能加快取得新发现的速度。在推动信息技术的进步上，大数据技术更是起到重要的直接作用。为了应对大数据技术提出的挑战，科学家和工程师们还需要在信息技术领域作出重大创新：要求计算科学家研发能以更高速度处理更复杂、更巨量数据的高性能计算技术；要求数学家和统计学家设计能够分析这些数据的新算法；要求数据分析专家运用新的技术从数据中“萃取”更大的甚至意想不到的价值。

2．互联网成为创新空间

在全球新一轮科技革命和产业变革中，互联网与各领域的融合发展具有广阔前景和无限潜力，已成为不可阻挡的时代潮流，正对各国经济社会的发展产生着战略性和全局性的影响。我国提出“互联网+”战略，实际上是把互联网的创新成果与经济社会各领域深度融合，推动技术进步、效率提升和组织变革，提升实体经济创新力和生产力，形成更广泛的以互联网为基础设施和创新要素的经济社会发展新形态。而“互联网+”为企业提供了获取自身以外的数据的便捷渠道，企业内外数据的融合，形成一个内外融合的创新环境。外部大数据如果没有被整合到内部数据中，它们会被视为低价值数据，甚至垃圾数据。但事实上，如果能将其外部大数据纳入企业的各个业务系统，如纳入企业的销售系统中、纳入客户服务系统中、纳入决策支持系统中，其价值将被激发出来。

国际经合组织 2013 年发布的题为《探索数据驱动创新作为一种新的

增长源泉》[①]的报告中指出，社会和经济活动的不断网络化，数据收集、传输、存储和分析成本的下降，共同促进了一个有助于培育新的产业、工业和产品的大数据时代的出现。该报告提出，由数据驱动的社会经济模式开始显现，数据已成为创造竞争优势和驱动创新、可持续发展的核心资产。大数据给企业带来的真正机遇是把许多信息碎片拼起来，为企业决策服务。

① OECD (2013), “Exploring data-driven innovation as a new source of growth: Mapping the policy issues raised by ‘big data’”, in Supporting Investment in Knowledge Capital, Growth and Innovation, OECD Publishing. http://dx.doi.org/10.1787/9789264193307-12-en.

第3章

问道于数

企业要跟上数据化的浪潮，必须问道于数，从意识、资产到具体的技术，是时候为数据化转型做好准备了。

3.1 增强数据意识

中国人数据意识的淡薄由来已久，甚至在某种程度上已经成为“国民性”的一部分。《大数据》作者涂子沛在书中引用了胡适对“差不多”先生的批评，也提到黄仁宇对“数目字管理”的求索。漠视精确，缺乏用数据来说话的素养，在企业的管理上，也缺乏以数据为基础的精确管理，有时甚至是刻意回避数据。

增强数据意识首先要相信数据和依靠数据。没有调查就没有发言权，要能够充分理解数据的价值，相信并知道如何利用大数据为企业经营决策提供依据，并通过数据处理创造商业价值。

其次对数据要敏感，就是在评估或分析任何情况时，都试着将其数据化。简单明了的数字十分有助于记录、信息传达、比较检讨及分析等商业行为。这就像是学习做一个“量化”的人，凡事不以感情（感觉、印象、善恶）做判断，而是以“数字”作为衡量的尺度。例如，如果认为举办产品宣介活动可提升产品知名度，那就试着将“知名度”换算成提升的产品在大众中的“认知率”。另外，企业家和技术人员要有数据敏感度，要善于从数据中发现规律和问题。

最后，数据意识实际上体现了一种量化管理的思维方式。做出任何决策，不是靠灵机一动，也不是靠主观臆测，而是要用客观数据说话。量化管理产生于 19 世纪末 20 世纪初，当时，美国资本主义经济发展较快，企业规模迅速扩大，但是由于管理落后，生产操作方法混乱，资源、人、财、物配置低效，工人的劳动所得不与其劳动强度挂钩且工资很低，劳资关系紧张，工人“磨洋工”、消极怠工现象大量存在，企业效率低下。美国科学管理家费雷德里克·泰勒经过观察发现企业效率低下的原因在于管理部门缺乏合理的工作定额，工人缺乏科学指导，必须用科学知识来代替个人的见解或个人的经验认识。今天的数据化企业可以将量化管理发挥到极致。例如成本管理，如果我们确切知道产品的每个生产环节的成本构成、每台设备的成本消耗、每个工人的成本消耗，就可以把这些成本单元进行优化重组。

“量化”要求我们：每当遇到重大决策的时候，问一句“数据怎么说？”紧跟着这个问题再问一句：“根据这些数据能得出什么分析结果？”

企业管理层的思维变化也会提高企业员工对大数据管理的执行力。另外，企业管理者要允许数据做主。如果企业员工用来自一线的大数据分析结果推翻了资深高管的直觉判断，这将是改变企业决策文化的最大力量。基于规模庞大的数据量做出合理的决策，中间需要很长的分析过程。

人人都知道阿里巴巴是电子商务公司，但是马云说，十年以后，这个世界上最大的资源不是石油，而是数据。谁拥有更多的数据，谁能够把数据处理得速度更快，能够使数据产生出价值，这是一个国家的竞争力。电商主业之外，阿里巴巴近年来先后布局了物流、影业、医疗、体育产业等，涉足的领域可谓是五花八门，阿里巴巴到底想干什么？其实很简单，阿里巴巴是一家数据公司。阿里巴巴的数据意识使得他们不拘泥于网店和电商的盈利，做电商的目的不是做买卖，而是等数据达到一定程度，有了价值，用户自然就会找上门来。

生产工程机械的三一重工的挖掘机“挖”的不仅是土，还有最值钱的数据。跳动的字节记录着挖掘机运行的好坏，也从一个特殊的维度揭示着中国经济运行的“凉热”①。

在位于湖南长沙的三一重工公司，数据中心的巨大屏幕上，混凝土、挖掘、吊装、路面、港口、桩工等 20 余万台工程机械的大数据实时展现出来，一张实时反映经济活力的指数地图震撼地跃然眼前。通过七年多的积累，三一重工形成了 5000 多个维度、每天 2 亿条、超过 40TB 的大数据资源。

数据不断积累产生了奇妙的变化。这就是“挖掘机指数”——借助大数据和物联网技术，一台台机械通过机载控制器、传感器和无线通信模块，与一个庞大的网络连接，每挥动一铲、行动一步，都形成数据痕迹。海量机械的应用场景和开工率等来自一线的真实情况，从无数最基层的工人手中汩汩流淌，流动到三一重工，成为企业经营、转型的依据；流动到国务院领导的案头，成为把脉经济动向的参考。

数据意识也呼唤专业的数据人才，企业中的数据岗位也需要组织任命一个具备最专业的数据知识并对数据拥有最高决策权的人——首席数据官（Chief Data Officer，CDO）来帮助公司制定数据战略、管理数据资产、建设数据队伍。数据化先行者阿里巴巴集团于 2012 年 7 月开始在高管序列设置首席数据官，这是国内企业第一次任命真正意义上的首席数据官。专业数据公司 Blazent 公司首席技术官办公室负责人 Michael Ludwig 认为 CDO 会成为信息技术领域的“新宠儿”。他写道：“正是由于大数据很复杂，又需要完整而准确的数据，首席数据官会变得越来越重要。”

首席数据官需要具备全面的素质，首先，CDO 必须能够充分理解数据的准备和分析算法的原理。其次，CDO 作为数据“存通用”的总管需

① 从三一挖掘机指数看中国经济大数据. 新华网，2015 年 12 月 21 日.

要懂得选择合适的数据技术、工具、人才及工作流程去优化整个数据价值链，包括数据收集、存储、分类、刷新、识别、关联、挖掘、决策、行动、反馈。更进一步，最重要的也容易被忽略的能力是：CDO必须能够快速理解多方部门的需求，并准确地转化分解成对技术的要求；需要通过实践经验从数据分析中洞察规律，同时要懂得用业务语言描述数据，以故事的方式深入浅出、简单易懂地解释给不同部门[①]。

3.2 数据资产化

今天，企业资产还主要是指现金、设备、技术、不动产、品牌价值等，但在未来，当智能终端可以时时处处监测和收集数据，当一切经营都数据化时，当内外部数据开始交叉融合时，数据将成为所有企业最重要的资产。

“数据成为资产”是互联网泛在化的一种资本体现，它让互联网的作用不仅局限于应用和服务本身，而且具有了内在的“金融”价值。数据的功能不再只是体现于“使用价值”方面的产品，而成为实实在在的“价值”。目前，作为数据资产先行者的IT企业，如苹果、谷歌、IBM等，无不想尽各种方式，挖掘多种形态的设备及软件功能，收集各种类型的数据，发挥大数据的商业价值，将传统意义上的IT企业打造成“终端+应用+平台+数据”四位一体的泛互联网化企业，以期在大数据时代分得

① Peter Aiken，Michael Gorman. 首席数据官实战：重铸高管团队，充分利用最有价值资产. 刘晨，宾军志，译. 北京：清华大学出版社，2015.

一杯美羹[①]。

数据资产化涉及的 8 个问题如图 3.1 所示。

图 3.1　数据资产化涉及的 8 个问题

1. 业务数据化，数据资产化

企业无时无刻不在产生着大量的数据，但这些数据由于存储和处理的难度，大多被丢掉了。但如果我们把数据看作资产，就应该尽可能地保留这些数据，即使暂时没有办法处理，也应该留存，以备后用。

生产过程在制造物质资产的同时，也在无时不刻地制造着数据资产，只关注物质资产的生产，而忽略数据资产，无异于买椟还珠。数据资产化有三种方式：

- 通过对业务数据进行收集、整理、过滤、校对、打包、发布等一系列整理，实现数据内在的价值；
- 通过聚焦行业焦点，收集相关数据，深度整合、萃取及分析，形成完整数据链条，实现数据的资产转化；
- 通过提供专业的数据挖掘及分析服务，为供应商、经营伙伴提供数据增值业务，并拓展新的业态，开创新的行业增长点。

企业大数据资源如图 3.2 所示。

① 波成. 未来大数据核心趋势："数据即资产". eNet 硅谷动力，2014 年 01 月 26 日. http://www.enet.com.cn/article/2014/0126/A20140126346644.shtml.

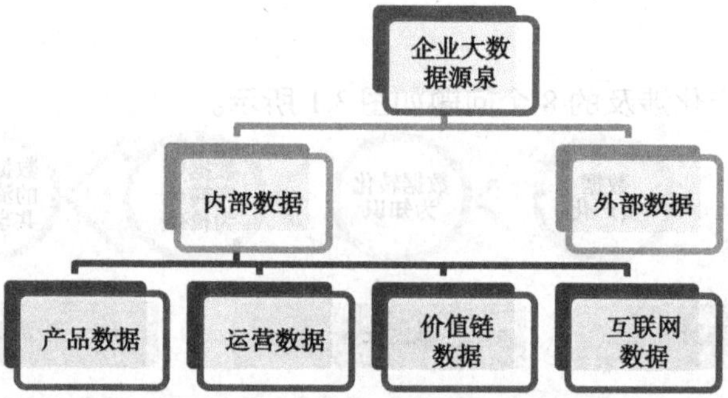

图 3.2 企业大数据资源

（1）内部数据资源

企业内部的大数据资源包括基本的企业知识、企业经营数据、价值链数据、互联网数据等，涉及大量结构化数据和非结构化数据。

① 产品数据：设计、建模、工艺、加工、测试、维护数据、产品结构、零部件配置关系、变更记录等。

② 运营数据：组织结构、业务管理、生产设备、市场营销、质量控制、生产、采购、库存、目标计划、电子商务等。

③ 价值链数据：客户、供应商、合作伙伴等。

④ 互联网数据：经济运行数据、行业数据、市场数据、竞争对手数据等。

上述数据都存储在哪儿呢?

第一类存储在于各类企业应用系统中，主要是产品数据和业务数据。传统企业信息化的“四大件”，广义 PLM 系统（包括 CAx）主要支持产品开发，ERP 系统负责“人财物、产供销”，SCM 系统协调供应链，CRM 系统关照企业客户和用户，这里面的数据是我们通常所说的传统企业数据范畴。这些系统最大的特点是通常架构于关系数据库之上，所以其中的数据也被称为 SQL 数据。这些数据准确度高，结构严谨，价值密度很高（这一点不太符合大数据所谓价值稀疏的特征）。

第二类存储在各种设备和前置机中，主要是那些机器和传感器数据，又称为机器产生的数据/传感数据，包括智能仪表数据、工业设备传感数据、设备日志、交易数据、呼叫记录等。

第三类数据存储在企业之外，包括企业伙伴间的业务往来数据，产品售后服务数据等。随着规模化定制和网络协同的发展，企业需要实时从网上接受众多消费者的个性化定制数据，并通过网络协同配置各方资源、组织生产、管理更多各类有关数据。

（2）企业外部数据资源

大数据在商业上的精髓还在于如何把自己的数据创造性地应用到其他业务上去，或者把其他外部的相关数据应用到自己的业务中来。这些“外部”的数据，由于客观、无偏见，更具创新价值。

中国三大通信运营商每天要记录50亿通电话，百度每天要处理超过10亿次访问请求，Facebook一个月仅照片就会更新10亿张。数据量爆炸性剧增的同时，数据形态从结构化数据到非结构化数据，以及数据与数据之间从互为孤岛到开始产生千丝万缕的关联。基于这些多源异构、跨域关联的海量数据分析，将产生大量的产品创意、决策支持，以及商业模式、生活方式和观念形态上的颠覆性变化，成为激发创新的源泉。

印第安纳大学通过Twitter内容、Google的搜索词等来预测道琼斯指数。淘宝利用其零售数据评估中国的非刚需消费物价指数（淘CPI）。Zest Finance通过分析一个用户在互联网上的大量内容，包括删除网页的记录、购买东西的记录、社交关系记录、文本内容等，能够快速做出是否向你发放贷款、应该发放多少贷款的决策。这种决策不仅周期短、成本低，而且放贷后用户拖延还贷的比例比同行业低。

2. 数据转化为知识

知识内化是通过知识交流和知识共享，使企业各层员工吸收和理解新知识，从而改变企业和员工的认知模型，帮助他们理解和支持创新。它接收前面活动产生的知识流，再把这些知识流用来影响组织的知识形态[①]。企业要保证含有新知识的创新过程成功商业化，就必须使这种知识在企业中内化；同时，内化的知识能够指导企业再次获取新知识，促使企业永不停止地创新。

知识生产、传播是一个螺旋过程，经历了内隐－内隐、内隐－外显、外显－外显、外显－内隐四种模式。

下面以日本松下公司发明自动面包机为例，说明知识转化的这四种模式。当年，松下电器公司开发一款新型家用烤面包机时，遇到的一个难题就是怎样让面包机揉出合格的面团。他们做了许多次试验，但是烤出来的面包总是“外糊内生”。当时大阪国际饭店生产的面包远近闻名，公司一名软件工程师田中郁子建议到大阪饭店直接拜师学艺。这位田中跟着面包师学了一年，最后学会了面包师拉面团的独特技术。此后，松下公司利用了这种技术，成功地开发出了面包烘烤机。像田中郁子这样获取面包大师技术的模式就是内隐知识到内隐知识，这是一个知识社会化的过程，这种内隐知识社会化的过程是通过观察、模仿、实践而实现的。

内隐知识到外显知识，这是知识的外化。尽管内隐知识已经转化成另一个人的内隐知识，但是其他人仍然不能共享。例如，尽管田中习得了面包大师的技术，但是其他成员仍不知晓。只有田中郁子将学到的内隐知识转化成设计方案或程序（外显知识），别人才能共享。

外显知识到外显知识，这是知识的组合，知识的总量并没有增减。将现有的外显知识汇总到原有的知识构架中，如将设计、开发烤面包机的知识汇总到操作手册或工作手册，并在产品设计中体现出来。

外显知识到内隐知识，这是知识的内化，这是一个通过做而学的过

---

① 百度百科. 知识内化. http://baike.baidu.com/.

程（learning by doing），是指新的显性知识在整个组织中共享和运用，其他成员又将进一步延伸、扩散，内化为自身新的隐形知识，这又构成了一个新的循环起点。

这四个环节中，知识内化是整个过程的核心，没有内化，知识的创新、生产、共享都无法实现。

数据驱动的知识获取，通过对企业自身产品和服务产生的大量数据进行深入挖掘和分析，改进了知识从内化到外显的过程，拓展了知识产生的基础和源泉，并因此产生更多的数据，形成一种知识创造的正向循环。与传统知识转化相比，数据驱动的知识获取在逻辑上更具有延续性，但技术更加先进。

3．数据资产转化为价值

数据有价值，但是价值稀疏，需要分析和挖掘。例如，需要利用大数据平台和大数据分析将零散的市场数据、客户数据等迅速、高效地转化成决策支持数据，这样才能真正体现数据的价值，使企业及时把握市场环境变化，做出快速反应。

作为一种新兴的资产，数据具有资本区别于一般产品的特征，这体现在其具有不断增值的可能性。如果不能为企业带来经济利益，再海量的数据也只是垃圾；只有能够利用数据、组合数据、转化数据的企业，他们手中的大数据资源才能成为数据资产。同时，数据资产也有时效性，如何最大化发挥数据资产的现实价值，避免数据资产的迅速贬值，也是一个难题。

4．数据资产的流动和共享

如同资本市场需要充沛的流动性一样，数据也需要流动。一个企业的数据是有限的，很多时候需要与他人共享来丰富数据的形态，伟大的企业懂得如何把最聪明的人集合起来为自己服务。阿里巴巴投资高德，拿到了宝贵的地图和位置数据，投资新浪微博拿到了社交数据，弥补了自身的数据短板，所以这一切的本质还是想让数据流动起来，做更大的事情。

今天，通过技术、实物、服务等资源，向需求人群提供资源共享，成就了 Uber、滴滴打车等，可以称为资源式共享经济[①]。在共享经济模式下，人们租或借一种商品或技能，而不是通过购买所有权来享受其提供的服务，闲置资源的使用率得以提高。基于大数据和云计算形成的信息枢纽，对供需方的海量碎片化资源进行高效整合和精准匹配，使分享经济向平台化、规模化发展[②]。

共享经济蜂巢如图 3.3 所示。

云计算、大数据、物联网、移动互联网（云大物移）大大降低了租赁交易的信息成本，减少了信息不对称，使原本不可能达成的租赁交易成为可能。而数据化，使得通过分享比特的方式实现共享更为便捷。

在自媒体时代的今天，个人的观点、感想、所见所闻，都通过数据化的文字、图片、音视频迅速扩散。2015 年 12 月 18 日，《鲁豫有约》与新榜联合发布 2016 年度值得关注的微信自媒体，大象公会、毒舌电影、黎贝卡的异想世界、ayawawa 等一批新鲜有趣的自媒体上榜[③]。借助数据传播的巨大便利，这些微信自媒体轻松获得 10 万次以上的阅读量，这在传统纸媒领域都是一个非常可观的数字。

---

① “分享型经济” 的 5 个商业模式. http://www.vsharing.com/k/CIO/2015-8/713531.html.

② “分享型经济” 的 5 个商业模式. http://www.vsharing.com/k/CIO/2015-8/713531.html.

③《鲁豫有约》联合新榜发布 “2016 年值得关注的 自媒体榜单”. http://ent.chinadaily.com.cn/yule/2015-12/20/content_22754744.htm.

图 3.3 共享经济蜂巢①

---

① http://crowdcompanies.com/.

那么对于企业，数据化的资源作为创造价值的源泉，也可以用于共享，产品数据通过互联网发送到合作伙伴那里，可以实现协同设计；采购计划和采购订单在第一时间分享给供应商，可以确保供应链体系的安全与高效运转。

5. 数据资产化意味着大的数据存储开销

随着大数据时代的到来，企业数据呈爆炸式增长，据调查统计，人类在 2003 年前的 5000 年产生了 5EB 数据，而现在每天产生 9EB 数据，超过 5000 年之和。

数据是企业的宝贵资产，对企业运营发展起着至关重要的作用，理论上讲，任何数据都是有用的，但是要对这些资产进行有效的管理和存储，难题是巨大的。

首先，受困于过时的存储结构，企业无法高效地管理数据。在传统 NAS/SAN 等存储模式中，每一个业务系统都有独立的磁盘使用空间和预留空间，其他业务系统无法利用其预留空间。当业务快速发展时，用户必须采购新的、更大容量的存储系统来取代旧的存储设备，从而产生一轮又一轮的存储设备新增投资，不仅给企业带来庞大的存储开销，低效的存储也会造成越来越多的旧设备浪费。集群存储技术的产生，不但可以做到平滑、不间断地扩容，提供高并发、高带宽访问环境，还可以通过消冗的手段大大提高存储效率，高效利用原有旧设备，满足用户新要求，极大地保护已有投资，降低企业运营成本。

因此，为了充分地挖掘企业数据价值，企业需要将传统的存储模式改进为“数据平台”模式。作为一个数据平台，其意义不仅是用于数据存储的设备，还需要具备符合成本效益的规模和能力，有效解决用户将面临的“海量、高并发、高可用、平滑扩容”等需求，避免数据迁移，消除存储孤岛，提供全局管理。这些要求，传统的 NAS/SAN 等存储系统已经无法满足。

6. 数据资产化意味着安全成为大问题

大数据来袭，企业不仅要学习如何挖掘数据价值，使其价值最大化，还要统筹安全部署，考虑如何应对网络攻击、数据泄露等安全风险，并且建立相关预案。

当企业用数据挖掘和数据分析获取商业价值的时候，黑客也可以利用大数据分析向企业发起攻击。黑客最大限度地收集更多的有用信息，如社交、邮件、微博、电子商务、电话和住址等，为发起攻击做准备。尤其当 VPN 账号被黑客获取时，黑客就可以获取你在单位的工作信息，进而入侵企业网络。由此可以说，大数据分析让黑客的攻击更精准。

大数据安全是与大数据业务相对应的，传统时代的安全防护思路此时难以起效，并且成本过高。与传统安全相比，大数据安全的最大区别是：安全厂商在思考安全问题的时候首先要进行业务分析，并且找出针对大数据的业务威胁，然后提出有针对性的解决方案。

7. 数据资产化需要解决隐私保护问题

在大数据时代巨大商业价值背后，隐私安全问题更令人担忧。随着产生、存储、分析的数据量越来越大，隐私问题在未来的几年也将愈加凸显。无论是商家、医疗机构、保险公司等服务型公司，还是汽车、个人电子等消费类公司，在为消费者提供更贴心、更个性化的服务时，不可避免地会利用消费者的个人信息，其中涉及的隐私保护必须引起关注。

企业在大数据资产利用方面首先会受制于有关法规的规范。奥巴马政府在 2012 年 2 月宣布推动《消费者隐私权利法案》（Consumer Privacy Bill of Rights）的立法程序，这是与大数据息息相关的法案，法案中不仅明确且全面地规定了数据的所有权属于用户（即线上/线下服务的使用者），并规定在数据的使用上需要对用户有透明性、安全性等更多细节。相比美国在法律上对数据与隐私的保护，在我国的法律中提及"公民的个人数据不得非法搜集、传输、处理和利用"，但我国《民法通则》并未将隐私权作为一项独立的人格权加以保护，所以隐私权方面，我国的立法暂时较为模糊。

3.3 提升数据能力

1. 数据处理能力

IDC 认为，大数据具有 4V 特性，即海量性、实时性、多样性及低价值性。正是大数据的海量性、实时性、多样性，使传统的数据处理和分析工具无法应用到大数据领域，数据化企业需要具备全面的数据处理能力。

从 Hadoop、HDFS、MapReduce 到 Spark、Hive、SparkSQL、Storm，大数据领域新技术层出不穷，不断刷新处理规模和处理速度的新纪录。

（1）数据采集

在企业大数据的数据采集环节，需要针对"厚数据"、"快数据"和"慢数据"等不同类型的数据，使用相应的数据集成工具进行数据采集和集成。关系数据已经有成熟和工具（如 ETL、数据仓库、数据集市等）可以利用，可以通过数据集成工具融合集成企业内外管理信息系统数据。机器设备运行、传感器产生的数据，采用通用的通信协议和物联网数据接口进行采集，还可以借助正在发展中的流数据技术。通过高效的互联网数据爬取算法，按照用户设定的业务主题，为企业决策采集海量的互联网外部数据。

（2）数据统一描述和预处理

针对工业大数据多元、异构、多关系的特性，需采用基于统一元数据的异构数据统一描述。利用元数据描述数据业务属性、技术属性、数据价值属性、数据关系属性，以及时效性、可能的业务价值维度、数据依赖关系与关联关系等，通过元数据实现异构大数据的统一描述和管理，为面向数据关系网络的大数据分析创造条件。针对非结构化数据，重点采用面向主题的特征抽取、标记、量化、维度约简和预处理技术。通过元数据描述的关系来形成数据关系网络，通过元数据中的业务主题帮助用户提供业务数据。通过数据清洗对这些数据进行预处理，包括检查数据一致性，处理无效值和缺失值等，使得非结构化数据能够以数字化的形式二次表达，为基于大数据的信息融合和决策支持创造技术条件。

对于数据分析前的准备阶段所需要的关键技术，主要结合传统的数据挖掘和统计分析在预处理阶段的技术，并在引入非结构化数据和海量数据的背景下，对传统技术存在的不足进行改进。

（3）可靠性存储

数据量庞大的工业大数据需要通过分布式存储系统实现可靠性存储。需要提出一种新型的数据存储体系，针对不同类型、不同价值的数据需要采用不同的存储手段。对于价值较高而且多为结构化数据的“厚数据”，可以采用关系型数据库集群进行存取，以保证数据的可靠性和访问效率；针对企业关系、产品关系、社交图谱等图结构的数据，可以采用 Neo4j 等图数据库，从而方便数据建模并加快遍历速度；对于非结构化的数据，采用 HDFS、MongDB 等进行存储。新型的数据存储不再是简单存储，而是根据需求差异采用不同的工具。

在数据存储层面，对于不同的数据，需要有不同的可靠性存储方案，而且数据的可靠性需求是动态的。因而，需要采用基于数据决策价值关联度和数据温度可靠存储技术，通过价值关联度和数据温度动态计算数据冗余度和数据的分布，以最小化的数据保存成本实现最大价值的可靠性分布式数据存储，并在不影响数据分析结果的情况下，减少需要处理的数据量，提升系统的处理能力和响应速度。

传统的文件系统是单机的，不能横跨不同的机器。HDFS（Hadoop Distributed FileSystem）的设计使得大量的数据能横跨成百上千台机器，解决了大数据存储问题。在已有的关系数据库和 HDFS 的分布式存储与可靠性保障机制之上，根据数据局部访问原理，设计冷热数据管理策略和业务价值关联度管理策略。对于“热”数据（即经常被访问的数据）和业务价值关联度大的数据，增加副本的数目以保障每个节点都能就近拿到需要的数据；对于冷数据，则减少副本数目，对于失去业务价值的数据甚至可以离线存储。通过该技术保证企业以最小的成本存储对业务贡献度最高的数据，降低了成本并提高了数据分析效率。

2. 数据分析能力

大数据带给企业的不再是精挑细选的代表性样本，而是所谓的“全体”数据，这是一种不可避免的混杂性数据，也是大数据分析的标准数据基础。面对企业极为关注的一些分析主题，如何组织数据、抽取数据、二级处理，也需要全新的思维方法。从大数据的应用方法论来看，不是按照“从数据到信息再到知识和智慧”的研究思路，而是“从数据直接到价值”。相比传统的数据挖掘，大数据应用分析更侧重对数据的理解和数据的组织，而非分析算法的设计与优化。因此，全面剖析企业数据基础、数据来源、数据层级、数据内在关系，从一个个孤立的数据集合和分散的数据链接中寻找其共性的、数据网络化的整体特征，是完成企业大数据业务分析应用的关键工作。侧重“数据”理解而非分析“算法”，是企业实现各项主题分析的重要技术路线。

大数据带给企业的一个冲击就是企业运营“透明化”，企业被置身于社会化的网络生态环境下。围绕企业风险预警分析主题及供应链优化分析主题，企业数据分析将抓取所处产业、目标竞争企业、供应商、销售商、服务商等产业链上下游企业外部数据，集成其开放的内部信息系统数据，依托大数据技术的实时分析能力及协同优化方法、预测性分析算法等，实现上下游企业的响应式供应链实时协同分析、企业及产业风险预警分析、决策任务分析等。

以企业数据关系网络分析的技术思路，是从数据研究对象、数据类型、数据关联关系、数据谱系、数据相互作用机理等不同层面、不同视角，按照"数据化"而非"数字化"的思维，寻找支撑各项主题分析的数据脉络，设计主题分析所需的数据样本。通过对数据的深入剖析和理解，简化数据分析技术、算法与流程，以全新的方法完成大数据环境下的业务分析与应用。

对于 T 级别（10^{12}）以上的数据，串行处理是不可忍受的。电网企业每隔五分钟或十分钟收集一次数据，收集来的这些数据可以用来预测客户的用电习惯等，从而推断出在未来整个电网大概需要多少电量。这个数据必须在很短的时间内处理完才有利用价值。这就需要借助分布式处理和内存计算功能。MapReduce 是一种编程模型，用于大规模数据集的并行运算。在 Google，MapReduce 用在非常广泛的应用程序中，包括分布 grep、分布排序、Web 连接图反转、每台机器的词矢量、Web 访问日志分析、反向索引构建、文档聚类、机器学习、基于统计的机器翻译等。值得注意的是，MapReduce 实现以后，它被用来重新生成 Google 的整个索引，并取代老的 ad hoc 程序去更新索引。Spark 是 UC Berkeley AMP lab（加州大学伯克利分校的 AMP 实验室）开发的类 Hadoop MapReduce 的通用并行框架，Spark 拥有 Hadoop MapReduce 所具有的优点；但不同于 MapReduce 的是其作业中间输出结果可以保存在内存中，从而不再需要读写 HDFS，因此 Spark 能更好地适用于数据挖掘与机器学习等需要迭代计算的 MapReduce 的算法。

Hive 是基于 Hadoop 的一个数据仓库工具，可以将结构化的数据文件映射为一张数据库表，并提供简单的 SQL 查询功能，可以将 SQL 语句转换为 MapReduce 任务进行运行。其优点是学习成本低，可以通过类 SQL 语句快速实现简单的 MapReduce 统计，不必开发专门的 MapReduce 应用，十分适合数据仓库的统计分析。

对于 Streaming（流）计算而言，Storm 是最流行的流计算平台。流计算的思路是，数据一边流过一边处理，基本无延迟；类似于词频统计和在线搜索这样的应用，Storm 显然是很应手的工具。

有了这些工具，大规模实时分析成为可能。中国铁路的 12306 互联网售票系统在 2011 年下半年开始上线使用，不过在 2012 年春运期间曾因为响应速度慢而引发无数的争议。在 2012 年春运后，12306 项目承接单位与多家 IT 公司联系，经过多次论证和测试，最终引入分布式内存运算数据管理云平台——Pivotal Gemfire 做试点，用于提高 12306 系统性能，解决“高流量和高并发”的难题。从 2012 年春运到 2015 年春运，12306 网站从 10 亿个 PV（Page Views）值增加到 297 亿个 PV 值，增长 30 倍；售票量从 110 万张增加到 564 万张，增长 5 倍，出票处理能力从每秒 200 张提升到每秒 1032 张，也是 5 倍的增长。通过云计算平台虚拟化技术，将若干 X86 服务器的内存集中起来，组成最高可达数十 TB 的内存资源池，12306 将全部数据加载到内存中，进行内存计算，安然度过 2015 年春运订票高峰，并且使余票信息更新从原来的 10 分钟缩短到 2 分钟，使信息更有参考价值。

需要指出的是，数据分析算法没有完美的方案，更多情况是在成本与收益之间不断寻找改善的方向和机会。同样，数据也会因为商业变革和技术的创新而不断改变它的结构、数量和维度，这都会给算法应用带来新的挑战和机遇。

3. 数据搜索能力

随着博客、社交网络及云计算、物联网等技术的兴起，互联网上的数据正以前所未有的速度在不断增长和累积，互联网用户的互动，企业和政府的信息发布，物联网传感器感应的实时信息每时每刻都在产生大量的结构化和非结构化数据，这些数据分散在整个网络体系内，体量极其巨大，蕴含了对经济、科技、教育等领域非常宝贵的信息。当今时代，以信息技术为核心的新一轮科技革命正在孕育兴起，互联网日益成为创新驱动发展的先导力量，深刻改变着人们的生产生活，有力推动着社会发展。互联网已成为创新之源。

利用互联网这一庞大知识宝库和创新机器的手段称为互联网搜索力。从“注意力”到“搜索力”，互联网开始进入搜索力经济时代。作为互联网经济价值的核心，搜索力指引着互联网的现在和未来。在搜索力经济环境下，搜索引擎的商业价值日益显现，以 Google、Baidu 等为代表的搜索引擎正通过各种方式不断提高搜索引擎的智能水平：从只能识别文字增加到能够识别声音和图片；到引入“语义理解”技术，试图理解用户的搜索意图。最新的进展是通过深度学习，让搜索引擎可以自动识别图像中是什么物体。然而，目前世界范围的搜索引擎的总体智商还远远低于人类智慧，远远不能满足用户的期望，它很难理解人类的思想，并结合人类的生活，满足用户的需求。未来的搜索引擎将基于自然语言搜索，用户在创新过程中想要什么信息，它就快速、准确地从互联网上搜索出相应信息。

4．数据驱动能力

有很多方式可以评估一个组织是否是数据驱动的，如产生的数据量、使用数据的程度、内化数据的过程等；而有效地（effectively）使用数据最为关键。

商业公司拥有使用数据来改善效益的历史。任何好的销售人员天生就知道如何去向消费者推荐采购：有着相近浏览历史的顾客具有相似的购买动机，购买某种商品的顾客有可能会购买另一种相关的商品。亚马逊（Amazon）就将该技术用于电子商务，这就是协同过滤；简单地说，协同过滤通过分析用户兴趣，在用户群中找到指定用户的相似（兴趣）用户，综合这些相似用户对某一信息的评价，形成系统对该指定用户对此信息的喜好程度预测。而协同过滤技术仅是 Amazon 诸多分析技术中的一种。

数据产品是社交网站的心脏。它们的数据必然是庞大的用户数据集形成的一张图。也许对于社交网络来说最重要的产品是某种帮助用户连接彼此的工具。任何新的用户都需要找到新的伙伴、熟人或者联系方式，让用户去搜索他们的朋友可不是一个好的用户体验。如同 LinkedIn，工程师发明了 People You May Know（PYMK）来解决这个问题。在理论上的确很容易完成这项工作，根据已经存在的关系图，我们可以准确地发现新用户的关系网络，这样推荐朋友比自己去选择更为高效。尽管 PYMK 现在很新颖，它却已经成为了每个社交网站的必备部分。Facebook 不仅支撑了自身版本的 PYMK，他们还监控了用户获得朋友的时间。使用精密的跟踪和分析技术，他们已经标识了一个用户长期参与的时间和连接数。如果你链接或添加朋友比较迟缓，你会被判断为是一个不怎么依赖社交网络的用户。通过学习用户达到信任的活动层级，他们已经将网站设计成为能够有效缩短新人加一定数量朋友为其好友的时间。

类似地，Netflix 在线电影事业完成了同样的任务。当你注册时，他们强烈推荐你添加你打算观看的电影。他们的数据组已经发现，一旦你增加超过某个数量的电影，你成为一个长期用户的概率将大大增加。借助这个数据，Netflix 可以构造、测试和监测产品流来最大化新人转变为长期顾客的数量。他们已经高度优化并简化了注册/试用服务，有效利用了这样的信息来快速和高效地黏合客户。

Netflix、LinkedIn 和 Facebook 并不是仅有的使用用户数据来鼓励客户的长期参与的例子。游戏公司 Zynga，它不仅关注游戏本身，还会常态化地监测用户身份和他们的行为，生成了一个不可思议的大数据。通过分析用户在一段时间内在一个游戏中的交互行为，他们已经识别出那些直接导致成功游戏的特征。基于用户和其他用户的交互行为的数目、前 n 天内用户建造的房子数目、在前 m 个小时内他们杀死了怪物的个数等，他们便可以知道用户将成为长期会员的概率的变化。他们找到了如何达成参与挑战的关键点，并已经设计出产品来鼓励用户达到这些目标。通过持续测试和监测，他们优化了对这些关键点的理解。

Google 和 Amazon 在使用 A/B 测试来优化网页的展示方面是先行者。在互联网发展历史上，设计者借助直觉和本能来完成工作。这没有任何错误，但是如果你对一个页面作出修改，就需要确保这个改动是有效的。你卖出更多的产品了吗？用户需要多久才能发现想要的东西？有多少用户放弃并转向了其他网站？这些问题只能借助实验，收集和分析数据来完成，这些是数据驱动公司的第二特性。Google 和其他搜索引擎常态性地监测搜索相关的数据指标来识别哪些情况是用户只是无聊地游戏系统、哪些情况是真正遇到困难，需要帮助改进用户体验。Google 所面临的数据移动和处理的挑战是巨大的，也许比目前所有其他的公司都大。为了支撑其业务，他们不得不发明新颖的技术解决方案，从硬件到软件（如 MapReduce）再到算法（如 PageRank），其中很多方案的思想都已经贡献到了开源软件项目中。

支付服务，如 PayPal、Visa、American Express 和 Square，靠自身技术能力领先于对手。它们使用精密的欺诈检测系统来发现数据中的异常行为模式。这些系统必须在毫秒级时间做出反应，其模型需要在新数据生成后实时更新。这些工作就像在不断堆叠的草堆中找出一根针那样困难。

3.4 汇聚众智

1907 年英国科学家 Francis Galton 请 800 名路人猜一头公牛的重量，这 800 人中既有专业人士，又有纯粹的外行。最终，所有人对公牛体重预测的平均值与公牛体重真实值只相差了一磅。当群体中每个个体独立地做出决策时，所有个体决策汇聚而成的群体决策往往令人难以置信地接近真相。

我们说“智能来自群体，因为群体携带着海量的信息”，这句话能不能改写成“智能来自海量的信息呢”？答案自然是可以的。从某种程度上来说，群体算法获得好效果的原因并不是基于个体有多么强的判断能力，而是输入的信息足够大、足够泛、足以勾画事物的全貌。我们不再需要依靠群体中个体的决策力，但我们仍然需要群体中个体独立地为我们挖掘多样化信息，这就是群体智慧的体现，或者称为“众智”。

1. 什么样的群体是智慧的

将个体解决方案汇总，最终得到的方案会是一个好方案。这个手段太简单，甚至让人觉得有些不真实。很显然，并不是所有群体都拥有如此敏锐的决策力。James 的书《群智》详细分析了智慧群体的特征：一个具有多样性、独立性的群体，在分权体制下，才能做出精准的判断[①]。

事实上，群体具有智慧的基础正是个体提供的解决方案背后所体现的信息——个体的私有信息，每个个体的信息或多或少地刻画了事情的一方面。大量信息拼凑、互补抵消后，群体掌握了全部的真实信息，因

① James Surowiecki. The wisdom of crowds. 2007.

此群体决策的真实性获得了保障。

因此，群体智慧的关键是，智能来自群体，因为群体携带着海量的信息。智慧归根结底来自于信息。而我们之所以要求群体组成要多元化，正是因为我们要保证来自于群体的信息是真正广泛的，而不是“虚胖”。

2．群体的多样化

现实生活中，群体做决策的过程往往是两阶段的，第一阶段是寻找解决方案集，第二阶段是群体得出一个合适的方案。

第一阶段：个体有信息，个体做出决策，这个决策是个体推出的解决方案。

第二阶段：群体用某种方式汇聚所有个体的解决方案，得出一个群体的解决方案。

很容易就能意识到，第一阶段中找到的解决方案集越多越好，这样好的决策将有很大的机会进入到解决方案集中，这样才能被纳入第二阶段的考虑中，最终体现在群体的解决方案里，而不是被忽视。

于是现在的问题是：如何才能找到更多的解决方案，以扩大解决方案集？

解决方案来自人的分析和思考，因此我们需要具有不同思维模式、不同专业背景、不同经历的人，每个人拥有不同的信息，会做出自己的判断和选择，提供一个解决方案。由于个体的差异，每个人提供的解决方案在很大程度上是不一样的。

3．群体中个体的独立性

独立性保证了个体的错误决策不会影响其他人，这样错误的决策在汇聚时能够相互抵消，累计的信息还是准确的。

独立性使个体去挖掘新信息，而不是听那些人人都知道的信息。显然，新信息对于丰富解决方案集有着很大的好处。

但这有一个有趣的悖论：我们一直在说群体智慧，如果群体的决策是明智的，那我们为什么还要苦苦自己思考那可能是错误的方案呢？听从群体的决策不就可以了么？

答案听起来是挺矛盾的：个体的错误使得群体变得聪明，群体将做出好的决策，然而当人们开始听从群体的意见时，个体变得越来越聪明，群体却变得愚笨和呆滞。

现实中决策从来就不是一个短暂的过程，决策的优劣更不是一时可以评论的。一个好的过程应该是这样的：人们先独立找出许多解决方案，群体智慧发生作用，找出一个好的方案，然后个体开始纷纷效仿，采取该方案，直到发现方案并不是那么好或发现可能比效仿更好的方案，纷纷停止效仿，开始新一轮的独立寻找方案过程。

也许方案的缺点随着时间会自然地暴露在大众视线，上述过程得以继续，但很多时候这个过程中需要一个重要的推动者，就是在效仿的大趋势中发现新方案的人。这些独立思考的人推出新方案，打破了群体原来的静止状态，削弱了原来群体所筛选出的方案的置信度，从而鼓励更多的人停止了盲从而更多地关注私有信息，再次开始独立寻找方案。社会一直需要这些坚持保持独立思考的个体，是他们使得我们没有溺死在群体智慧中。

4. 分权体制

群体的概念总是和制度相生相伴的，管理群体的艺术就是选择合适的制度、一个令群体焕发生机的制度。这里，我们需要一个能鼓励群体中的个体寻找更多解决方案、能使群体中的个体保持独立性的制度，能确保最终决策确实是群体的决策，而不是强势个体的决策。

许多先例证明了分权体制对于保证以上三点的优越性。所谓分权体制，就是体制中没有权利的中心。

在一个有权利中心的体制中，群体忠诚、权威因素的影响将变得不可忽视。人们很有可能不再基于事实，而是违心、漫不经心或盲目地跟从于领导、专家、精英的选择。

在这样的群体中，独立决策成为了空话。强势个体的信息成为了公开信息，潜移默化地影响着其他个体的选择；甚至，在强势个体的错误决策下，整个群体可能被带入万劫不复的境地。

另外，一个盲从的群体称不上是一个具有多样性的人群，也不能指望其可以找到多样性的解决方案集。很难期待缺失独立性的个体能找出多么与众不同的解决方案，因此可以预见解决方案集将是狭隘和片面的。

集权体制扼杀群体个体的多样性，使得成员的决策趋于一致，因此群体也许很快就能友好地达成一致。这样的群体很可能极度相信最终决策的正确性，因为这是个人和群体都认同的方案，因此这样的群体很可能极度排斥群体外的意见和建议。这种现象被称为群体迷思。

分权体制能使我们回避上面描述的群体困境。至少保证了在寻找解决方案集时，个体独立做出决策，从而保证了多样化的解决方案集，最终的方案不会出现群体内“一家独大”的现象。

这里我们需要先解决一个问题，当我们汇聚个体决策，想要得到群体决策时，我们到底在汇聚什么？我们汇聚的就是字面上说的解决方案吗？数据，我们汇聚的就是数据，因为智能来源于数据，而大众则是数据的产生者，也就是说，在众智的逻辑里，数据是连接大众与决策的纽带。

大数据时代的众智，能否抓住互联网技术和产业融合的本质，培养适应互联网快速发展的综合性、整体性的复合人才来实现大数据环境下的创新呢？答案就是“众智科学”。所谓“众智科学”，是一门研究互联网环境下大规模、智能化的信息—物理—社会三元融合系统（如大规模电子商务平台、大规模众包、众筹平台、大规模社交网络等）的原理、规律、方法、技术及相关工程应用的学科。

2015 年年底，清华大学、加拿大英属大不列颠大学、新加坡南洋理工大学一起作为发起单位，联合美国 MIT、哈佛大学、英国剑桥大学、牛津大学、日本东京大学、山东大学，以及一系列国际顶尖高校和科研机构、国际互联网巨擘，共同发起成立众智科学与工程国际联盟（Association of Crowdscience and Engineering，ACE），旨在搭建众智科学与工程领域国际化交流与合作平台，汇聚众智科学与工程领域国际一流的大学、科研机构及企业，促进众智科学与工程领域的科学研究、交流合作、人才培养及产业发展，引领自组织、生态化互联网产业体系和社会管理方式的形成和发展方向。

第4章

数据驱动创新

人们一直希望找到解决发明问题的通用方法，即创新方法理论体系。经典的TRIZ为代表的创新方法体系，主要用于解决第二级别，即小型发明的发明问题，以定性方式改善产品，创新过程中利用本行业知识，通过与同类系统的类比即可找到创新方案。然而好的发明往往超出了发明家的经验范畴，越好的发明越需要大量的知识和海量解决方案的经验，往往借用了别的领域的经验和知识来提供最佳解决方案。

随着大数据技术的发展，数据逐渐成为企业的战略资产和企业创新的核心驱动力，对传统创新模式的影响和改变也越来越大。大数据驱动创新能够在企业创新过程中实现消费者需求的实时洞察和智能捕获，产品和服务的模式创新智能化推荐、需求和模式之间智能匹配，不断涌现更多的创新思维，通过社会化和公众参与的互动反馈，汇聚众智，驱动企业产品和服务创新。企业已经越来越意识到大数据驱动创新的重要性，它为企业创新提供了新的方法和技术支持，挖掘产品潜在的问题，满足用户个性化需求，通过众智众创，最终实现产品和服务创新。

《大数据时代》和《删除：大数据取舍之道》的作者舍恩伯格也指出，我们尽其所能去观察这个世界，而这个观察的过程实际上就是一个搜集数据的过程。通过搜集数据，我们进一步理解数据，通过理解数据我们理解了世界。需要思考数据搜集方法和机制，要从最需要的数据中来实践。对所搜集到的数据进行转化，成为了我们做出决策的一种最好方式[①]。

① 中国新闻网．“大数据之父”：数据是创新的驱动力，2015年09月27日．

4.1 走出山寨

4.1.1 逆向工程：不得已的“创新”之法

逆向工程（Reverse Engineering，RE）也称反求工程、反向工程，是指用一定的测量手段对实物或模型进行测量，根据测量数据通过三维几何建模方法重构实物的 CAD 模型的过程，是一个从样品生成产品的数字化信息模型，并在此基础上进行产品设计、开发及生产的全过程。

十多年前，笔者参加了一个制造业信息化的学术会议，其中一个学术报告的主要工作就是讲如何测绘一台德国的柴油发动机，当然，能够完整测绘一台复杂的设备本身也是很了不起的工作，但通过这种方式搞研究，多少反映出我国科技人员的无奈。

我国的现代工业基础以苏联技术援助起家，擅长逆向仿制，在过去解决了多个领域的“有无”问题，甚至有轻武器专家以“山寨之王”自居。受制于薄弱的研究基础、工业能力和恶劣的国际环境，我国在 20 世纪 60 年代不得不采用逆向工程开展重点国防装备的研制。航空发动机研制就是其中有代表性的例子。上游研究的长期欠缺，使我国无法在发动机领域形成扎实详尽的自有理论、试验基础和设计依据、手段。在型号研制过程中，研制人员不得不参考各型已有发动机，采用相似原则缩放设计甚至直接测绘、逆向工程，将不同国家不同型号发动机的各个部分进行拼凑整合。然而，研制航空发动机这种结构精密复杂、工况残酷恶劣，重量体积控制苛刻的大型工程谈何容易！发动机机理复杂，诸多因素环环相扣，牵一发而动全身。机理不清楚的情况下凭借浅薄经验和主观猜测提出的设计方案、改进措施，其效果如何几乎只能取决于运气。片面依仗“逆向工程”带来了惨痛的教训，例如“太行”涡扇发动机，其核心机就源于 CFM-56，太行发动机在 2005 年完成设计定型，但多年过去了仍然问题不断，直到近几年才最终得以解决。

作为一个后起的工业追赶国家，不可否认在科研工程、工业生产中普遍存在很强的结果论、功利投机心态。往往只要措施有效，便无所谓机理明不明。对于很多一般装备，逆向仿制即便“不知其所以然”，也至少做到“知其然”，然而，这种得过且过的心态必然在未来发展中招致巨大的损失。

也许是尝到了逆向工程“短、平、快”的甜头，在技术的支持下，我国的逆向工程已经扩展到了广阔的领域，在家电、轻工行业、汽车制造业、医学仿真人体器官模型、艺术雕塑品的仿真等方面“拓展了广泛的应用“。仿制厂商针对现有的样品，利用 3D 数字化测量仪器准确、快速地量得其轮廓坐标，并进行三维 CAD 曲面重构，编辑修改后，传送到 CAD/CAM 系统，再由 CAM 产生刀具的 NC 加工路径送至 CN 加工设备制作所需的模具，或者送到快速成型机（RP）将样品制作出来。辅之以快速成型技术，在产品的反求和制造时，仿制厂商可以采用先进的设备与方法以实现产品的快速设计与快速制造。

4.1.2 山寨：中国的创新之痛

“山寨”一词最先来自深圳。20 世纪 90 年代，这里因地利之便，有人开始走私手机，进而发展到模仿制造。有一种说法，一开始，生产厂家不敢在手机上署地名，只能印上“SZ”两个字母，久而久之便被喊成了“山寨”。

深圳华强北曾是中国电子市场的风向标，也是全球电子产品制造中心和世界最大的电子元器件集散中心。同时，它也拥有最大的“山寨”手机生产地之名。2008 年是华强北的“山寨”制造业的鼎盛时期。手机技术壁垒倒塌，资本涌入，一时间山寨厂家遍布。2008 年的报道显示，全国 80%以上的手机生产厂家汇聚于深圳，全球 60%以上的手机产自深圳。明通数码城每年保守出货在 3000 万部以上。

实际上，“山寨”并不是我们的专利。1871 年，德国实现统一后，百业待举，经济需要腾飞，而世界市场不易进入。在夹缝中追求强国梦的德国人仿造英法美等国的产品，并依靠廉价销售冲击市场。

偷窃设计、复制产品、伪造制造厂商标志……德国产品因此被扣上一顶不光彩的帽子。1887 年 8 月 23 日，英国议会通过了侮辱性的商标法条款，规定所有从德国进口的产品都须注明“Made in Germany”（德国制造）。“德国制造”由此成为一个法律新词，用来区分“英国制造”，以此判别劣质的德国货与优质的英国产品。

百年以后，“德国制造”已经成为精良的同义词，而“中国制造”却又饱受“德国制造”百年前所遭遇的同样的诟病与鄙视。2012 年，德国法兰克福消费品展专门评出了“最佳山寨”奖，主办方将二三十款仿冒品和原产品并列放置，并赫然公示了山寨产品的制作公司，此举极具讽刺意味，令仿冒者无从辩驳。虽然旁观者高呼大快人心，但据观察，此获奖名单上多是中国企业，于是有关中国设计的最后一层窗户纸被捅破。

在 2016 年的 CES 上，中国参展企业因占据全球参展企业近 1/3 的比例而得到业内的高度关注，有的媒体甚至认为这标志着中国企业或产业已经从“山寨”走向了创新。但随之而来的消息无疑又给这种乐观的判断泼了一瓢冷水，即中国某企业因为参展产品侵犯了别人的专利，展位被查封，还有约 20 多家中国企业因为类似或其他原因被约谈。实际上，这已不是中国企业的产品第一次在 CES 上涉嫌侵权。在 2015 年的 CES 上，一家深圳公司就涉嫌展出山寨版苹果手表，在被媒体吐槽后便将价格约为 60 美元的山寨产品撤下。

为什么这些公司热衷于“山寨”？除了漠视专利和知识产权的思维习惯，缺乏创新能力和创新手段也是一个大的问题。科技公司要想其产品获得市场认可，需要以客户为中心，坚持自主创新，苦练内功，增强自己的核心竞争力。而抄袭、模仿、打擦边球等行为看似“短、平、快”地赢得市场，却会导致公司盲目追逐短期利益，忽视长期发展。国家正在倡导的“大众创新、万众创业”，其中一个主题就是尊重创新、支持原创，给创新、创业者提供创新的环境，加大其获得成功的可能。

4.1.3 原始创新才是真的创新

原始创新，是指前所未有的重大科学发现、技术发明、原理性主导技术等创新成果。原始性创新意味着在研究开发方面，特别是在基础研究和高技术研究领域取得独有的发现或发明。原始性创新是最根本的创新，是最能体现智慧的创新，是一个民族对人类文明进步做出贡献的重要体现。

1. 原始创新成果的三大特征

一是首创性，前所未有、与众不同。

二是突破性，在原理、技术、方法等某个或多个方面实现重大变革。

三是带动性，在对科技自身发展产生重大牵引作用的同时，对经济结构和产业形态带来重大变革，在微观层面上将引发企业竞争态势的变化，在宏观层面上则有可能导致社会财富的重新分配、竞争格局的重新形成。

2. 原始性创新的演化机理[①]

根据分析和研究国内外原创成功的实践，可以总结出原始性创新的演化机理，如图 4.1 所示。

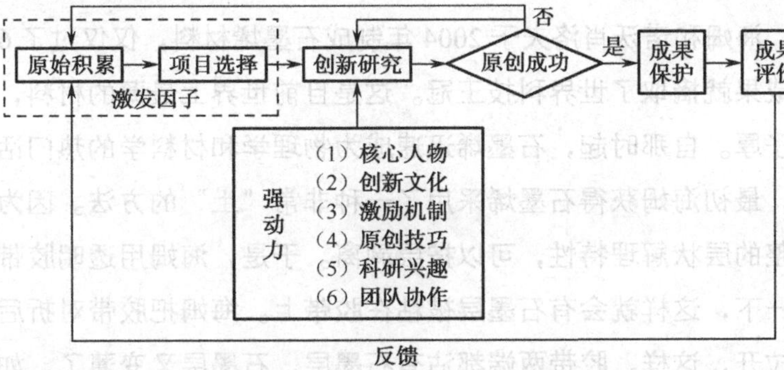

图 4.1　原始性创新的演化机理模型

对于创新者而言，原创技巧的掌握是突破原创瓶颈的法宝，而科研兴趣是维持创新者的可持续创新力。

原始性创新始于问题，孕于积累。通过国家科学能力基础、基础研究人才、学术传统、个体经验、知识基因的遗传及家庭教育等方面的积累，核心人物凭借自己的学术造诣，正确把握学科发展方向，为创新群体做出适合时宜的战略选择。但无论是基础研究项目还是应用基础研究项目，都要寻求与国家经济社会发展目标的最佳结合点。

在创新研究的过程中，要充分考虑原始性创新研究的特点，如长期性、高度不确定性和成果的时间滞后性等，为创新研究注入强动力。在

① 智库百科. 原始创新. http://wiki.mbalib.com/wiki/原始创新.

创新研究过程中，应用基础研究项目要尽可能缩短与生产实践的距离，要利于成果转化。

3. 石墨烯的启示

2010 年，诺贝尔物理学奖授予英国曼彻斯特大学的科学家安德烈·海姆和康斯坦丁·诺沃肖洛夫，以表彰他们在石墨烯材料方面的卓越研究。海姆和诺沃肖洛夫于 2004 年制成石墨烯材料，仅仅过了 6 年，他们的成果就摘取了世界科技王冠。这是目前世界上最薄的材料，仅有一个原子厚。自那时起，石墨烯迅速成为物理学和材料学的热门话题。说起来，最初海姆获得石墨烯采用了一种非常“土”的方法。因为石墨具有完整的层状解理特性，可以按层剥离。于是，海姆用透明胶带在石墨上粘一下，这样就会有石墨层被粘在胶带上。海姆把胶带对折后，粘一下再拉开，这样，胶带两端都沾有石墨层，石墨层又变薄了。如此反复多次，胶带上的石墨层薄到只有一个碳原子的厚度时，石墨层也就变成了石墨烯（见图 4.2）。

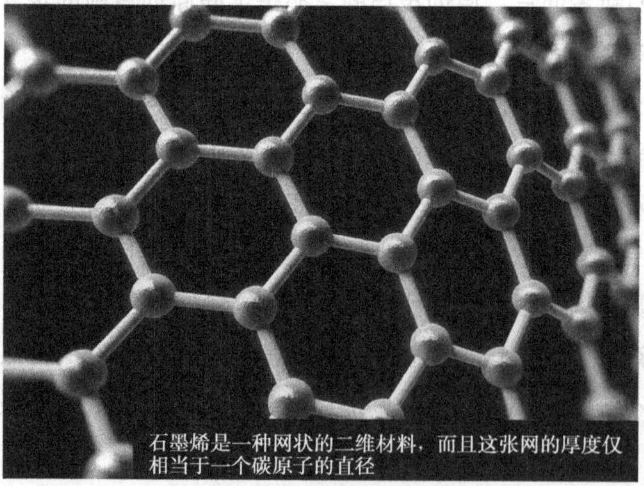

图 4.2 石墨烯结构示意图

目前，集成电路晶体管普遍采用硅材料制造，当硅材料尺寸小于 10 纳米时，用它制造出的晶体管稳定性变差。而石墨烯是由单层碳原子以 sp2 杂化轨道组成的平面薄膜，因为只有一个原子厚，所以被视为二维材料，是我们三维世界中的异数。此外，石墨烯高度稳定，即使被切成 1 纳米宽的元件，导电性也很好。因此，石墨烯是目前最薄、强度最高、导电性能最好的材料，它可以被刻成尺寸不到 1 个分子大小的单电子晶体管。因此，石墨烯被普遍认为会最终替代硅，从而引发电子工业革命。

石墨烯是目前最为耀眼的前沿材料，是科技界和市场追逐的热点。各国都加大了对石墨烯技术的研究力度，从相关专利申请数量来看，石墨烯相关专利申请在 2009 年之前维持平稳，2009 年之后呈现指数级增长，每年都有大量新专利应运而生。其中以美国、欧盟、中国、日本和韩国最为领先[①]。

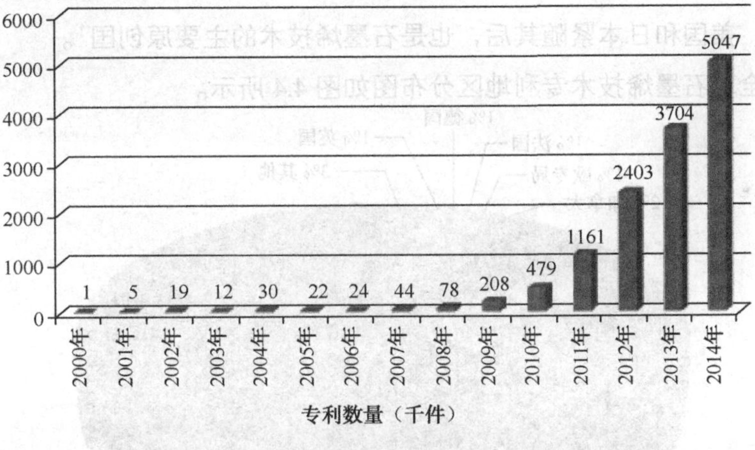

图 4.3　石墨烯相关专利申请量（2000—2014 年）

其中一个颇受关注的应用是利用其优良的导电性来提高动力电池的性能。中国的企业和机构的电池材料的研究和海外相比较，不太落后，

① 中国产业信息网. 2016—2022 年中国石墨烯行业市场全景评估及未来前景预测报告，2016.

海外一旦有新东西做出来，国内的企业或机构很快也会做出来，可以做到技术跟随。所幸我国的企业家已经认识到了石墨烯的巨大价值，华为任正非有这样的论述："我认为这个时代将来最大的颠覆是石墨烯时代颠覆硅时代，但是颠覆需要有继承性发展，在硅时代的成功佼佼者最有希望成为石墨烯时代中的佼佼者。"

2015 年 10 月 23 日，国家主席习近平参观曼彻斯特大学国家石墨烯研究院，参观了石墨烯产品展示和生产石墨烯的地下超净实验室，与原始创新的强强联合，进一步推动了石墨烯在国内产业界的应用。得益于自上而下对石墨烯技术的高度重视，在石墨烯技术专利数量方面，中国处于技术原创国首位，其专利受理数量大幅领先于其他国家和地区，占据了全球 46%的份额，这主要受益于中国政府在石墨烯产业化前夕的大力支持，诸多专项计划极大推动了中国在石墨烯技术领域的研发速度。韩国、美国和日本紧随其后，也是石墨烯技术的主要原创国[①]。

全球石墨烯技术专利地区分布图如图 4.4 所示。

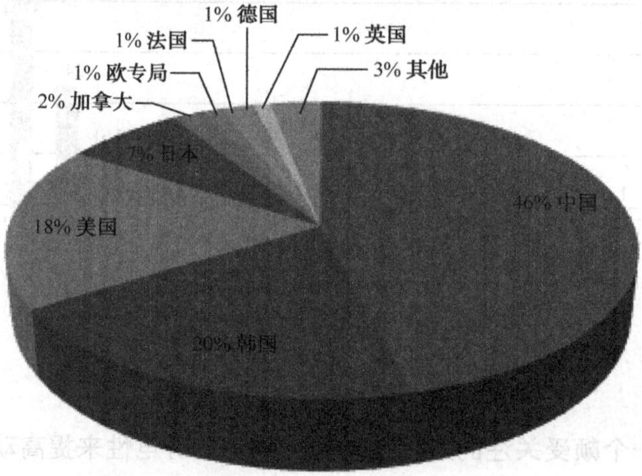

图 4.4 全球石墨烯技术专利地区分布图

① 中国产业信息网. 2016—2022 年中国石墨烯行业市场全景评估及未来前景预测报告，2016.

然而，相对美、英等国家的石墨烯基础研究的早期投入和原始创新，我国在原始创新方面的地位尚有差距。美国的石墨烯顶级科学家层出不穷，如在网上遭到热炒的浙大最年轻“博导”陆盈盈也是在美国康奈尔大学从事石墨烯相关研究的。即使与韩国相比，中国的石墨烯研究也不占上风，韩国有一些顶级的原创工作，发表在“*Nature*”或者“*Science*”上，一些代表性工作，如利用化学气相沉积法（Chemical Vapor Deposition，CVD）在金属镍基底上生长薄层石墨烯，具有世界级的影响力，而这方面我国似乎还比较缺乏。而且韩国政府为抢占石墨烯制高点，设立了 IBS（Institute for Basic Science，基础科学院），它类似于德国马克斯-普朗克研究所的发展基础科学研究机构。未来石墨烯产业鹿死谁手，似乎还难以定论。

石墨烯的“爆红”凸显了原始创新的巨大威力。而跟上石墨烯创新快车的中国企业也许能够从原始创新中分得一块大蛋糕。

4.1.4　数据时代的创新机遇

随着互联网、大数据时代的加速到来，来自外部、内部的企业自主创新压力越来越大。“大数据”时代的来临，标志着传统数据挖掘方法已经不再适应日新月异的数据环境，在数据采集、数据存储、数据分析及可视化等诸多方面捉襟见肘。与此同时，企业传统的“闭门造车”式的创新方法已经难以应对市场和互联网创新模式的冲击，经济新常态下企业“不进则退”，这就迫使企业必须迎接互联网时代大数据环境下的创新挑战。

大数据环境下，企业创新主要面临三大难题（见图 4.5）。

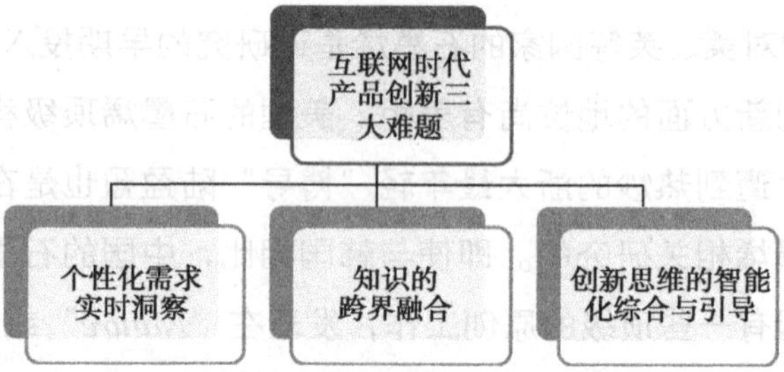

图 4.5　互联网时代产品创新三大难题

1. 大规模不确定的个性化需求获取

由互联网用户创造的信息和数据（User-Generated Content，UGC）形成了互联网海量数据的重要来源，其中蕴含了大量用户个性化需求，如何进行采集和捕获，实时洞察市场需求，使企业立于不败之地，是创新驱动急需解决的重要难题。

2. 多领域多行业的跨界融合

大数据时代，企业创新需求、基础均来源于数据，各行各业对数据的依赖性有增无减，甚至以数据为基础的定量分析方法也有逐步取代耗时耗力的以专家为基础的定性分析方法的趋势。企业迫切需要突破传统的封闭的数据和信息获取模式，实现多领域多行业的数据融合，构建大数据基础，使得大数据成为真正的生产资料。

3. 面向价值的模式创新

互联网时代，新产品、新应用的出现更多地突出了模式创新，新的开发模式、应用模式、商业模式、创新模式层出不穷，如何整合企业间的协作关系，面向价值设计出公众接受、企业共赢的应用模式和商业模式；如何革新企业的创新方法、创新流程，这些都需要大数据的支持，借助互联网的众智思维。

4.2　数据驱动创新方法（BDDI）体系

“自主创新，方法先行”。创新方法是自主创新的根本之源。我国正在实施创新驱动发展战略，是深化改革的重要内容，是转变经济增长方式的一项重要举措。大数据不仅意味着海量、多样、迅捷的数据处理，更是一种新的生产要素、一种创新资源和一种新的思维方式。大数据可以从产业结构、传统制造业升级、商业组织、“互联网+”和“大众创业，万众创新”等方面影响经济增长方式，助推创新驱动发展。

针对经典创新方法体系的知识领域窄、解决方案难以跨域等问题，面向“互联网+”背景下多学科多领域知识交叉融合的众创需求，大数据方法和技术为解决上述难题和应对时代新需求提供了契机。

4.2.1　TRIZ 给我们的启发

创新方法是科学思维、科学方法和科学工具的总称。最早起源于 1946 年前苏联科学家根里奇·阿奇舒勒的“发明问题解决理论”（TRIZ）的研究工作。他联合了苏联高等院校、科研机构和企业的 1500 多名专家，先后分析了全球几十万份发明专利文献，总结出了各种技术进化所遵循的普遍规则，以及解决各种技术矛盾和物理矛盾时采用的创新法则，创建了一套由解决技术难题、实现技术创新的各种方法组成的 TRIZ 理论。随着该理论体系在西欧、北美、亚洲等地区的传播与发展，目前已逐步形成含 TRIZ、工业工程、商业模式、管理创新等内容完整的理论与工具体系，并广泛地用于指导解决工业、建筑、微电子、化学、生物学、社会学、医疗、食品、商业、教育等方面所遇到的问题。

实践表明，创新方法理论和工具已经发展成为一套实用性很强的解决新产品开发实际问题的成熟理论和方法体系，能帮助技术开发人员突破思维障碍，进行理性的逻辑思维；能帮助人们系统地分析问题，快速发现问题本质，准确确定问题探索方向；能根据技术进化规律预测未来发展趋势，进而开发富有竞争力的新产品。如今它已在全世界得到广泛应用，创造出成千上万项重大发明，为知名企业创造了巨大的经济效益和社会效益。

韩国的三星电子在 1998 年导入创新方法以后，不但节约了相关研发成本数十亿美元，而且创造出了富有竞争力的系列电子产品，一跃成为世界最著名的企业集团之一：2006 年三星电子位列《商业周刊》全球创新企业第 12 位；2008 年品牌价值为 176.8 亿美元，位列全球第 21 位；2013 年品牌价值高达 588 亿美元，仅次于排名第一的苹果公司。

现代 TRIZ 理论体系主要包括以下几方面的内容。

1. 创新思维方法与问题分析方法

TRIZ 理论中提供了如何系统分析问题的科学方法，如多屏幕法等。而对于复杂问题的分析，则包含了科学的问题分析建模方法——物-场分析法，它可以帮助人们快速确认核心问题，发现根本矛盾所在。

2. 技术系统进化法则

针对技术系统进化演变规律，在大量专利分析的基础上 TRIZ 理论总结提炼出八个基本进化法则。利用这些进化法则，可以分析确认当前产品的技术状态，并预测未来发展趋势，开发富有竞争力的新产品。

3．技术矛盾解决原理

不同的发明创造往往遵循共同的规律。TRIZ 理论将这些共同的规律归纳成 40 个创新原理，针对具体的技术矛盾，可以基于这些创新原理、结合工程实际寻求具体的解决方案。

4．创新问题标准解法

针对具体问题的物-场模型的不同特征，分别对应有标准的模型处理方法，包括模型的修整、转换、物质与场的添加等。

5．发明问题解决算法 ARIZ

ARIZ（Algorithm for Inventive-Problem Solving）是 TRIZ 理论中的一个主要分析问题、解决问题的方法，其目标是解决问题的物理矛盾。主要针对问题情境复杂、矛盾及其相关部件不明确的技术系统。它是一个对初始问题进行一系列变形及再定义等非计算性的逻辑过程，实现对问题的逐步深入分析，问题转化，直至问题的解决。

6．基于物理、化学、几何学等工程学原理而构建的知识库

基于物理、化学、几何学等领域的数百万项发明专利的分析结果而构建的知识库可以为技术创新提供丰富的方案来源。

4.2.2 数据驱动创新方法体系

随着大数据技术的发展，数据逐渐成为企业的战略资产和企业创新的核心驱动力，对传统创新模式的影响和改变也越来越大。大数据驱动创新方法论体系以数据跨界融合支撑平台为基础，在企业创新过程中实现消费者需求的实时洞察和智能捕获，产品和服务的模式创新智能化推荐，通过社会化和公众参与的互动反馈，汇聚众智，实现产品和服务的精准创新。企业已经越来越意识到大数据对企业创新的重要性，此方法论为企业的创新提供了新的方法和理论支持，通过对机器学习和互联网搜索力的研究，整合创新生态系统，发挥网民群体积极性，众智众创，推动创新向着社会化、网络化、精准化发展。

大数据驱动创新（Big Data Driven Innovation，BDDI）的方法论体系框架如图 4.6 所示。

BDDI 方法论体系概述为“一个基础、两个智能、三位一体”。

一个基础就是以大数据为基础，大数据源自互联网的网络世界和行业的信息系统，通过数据融合、存储、计算、分析和可视化，形成数据跨界融合公共支撑平台。

两个智能是指基于数据跨界融合公共支撑平台，实现需求的实时洞察与智能捕获和模式创新智能推荐和涌现。需求的实时洞察与智能捕获是指通过平台数据进行实体分析、关联挖掘、事件关系，实现需求自动涌现和行为模式自动识别。模式创新智能推荐和涌现是指通过平台数据进行参与主体识别、关系匹配、自组织适配，涌现出面向价值、多方共赢、体验高端的产品或服务模式。同时，需求和模式之间智能匹配，为企业创新提供实时的创新思维和驱动力。

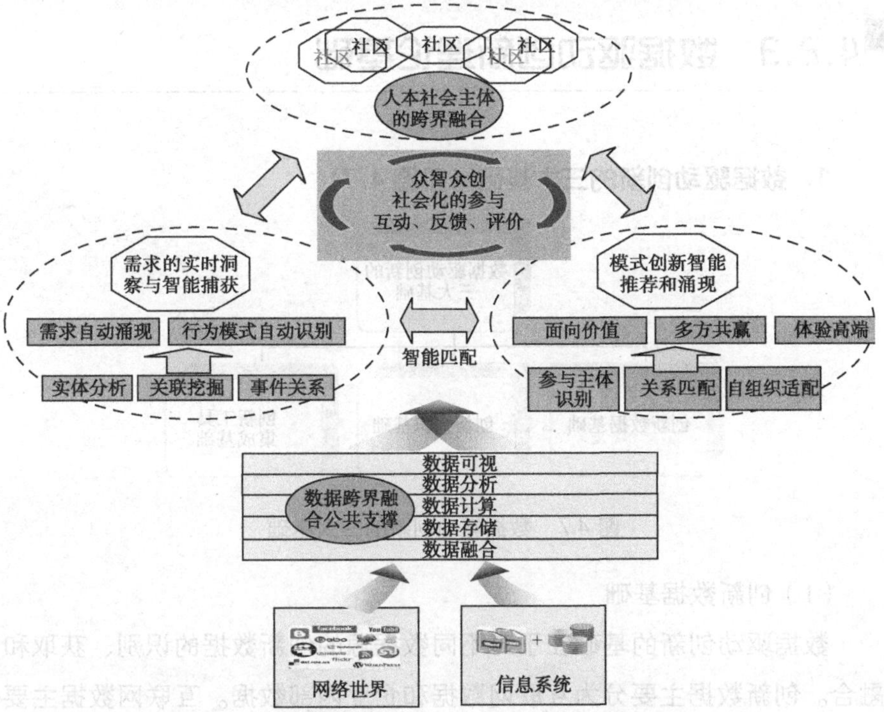

图 4.6　大数据驱动创新的方法论体系框架图

三位一体是指需求的实时洞察与智能捕获、模式创新智能推荐和涌现及人本社会主体的跨界融合三位一体，相互交互融合，形成众智众创、互动反馈、评价优化的创新过程。而人本社会主体的跨界融合是指通过互联网建立的社交媒体平台，将分布在不同地方分属于不同行业的人聚集在一起，汇聚众智，实现创新。

4.2.3 数据驱动创新理论基础

1. 数据驱动创新的三大基础（见图 4.7）

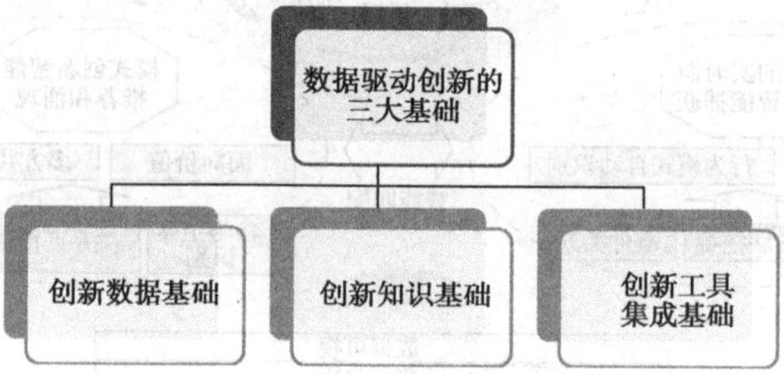

图 4.7 数据驱动创新的三大基础

（1）创新数据基础

数据驱动创新的基础在于对不同数据源的创新数据的识别、获取和融合。创新数据主要分为互联网数据和企业内部数据。互联网数据主要指从科技博客、技术报告、专利信息、社交媒体中提取出的海量网络数据；企业内部数据是指来源于企业 ERP 和 Web 交易系统的企业报表、产品交易数据和企业内部专业知识等。创新大数据的收集、融合和分析，可以对用户需求、技术趋势等进行准确监控和预测，为企业创新提供方向指引。

数据处理三大支撑：数据仓库平台、非关系数据管理平台、过程数据。数据仓库平台主要存储企业内部数据，如产品信息、供应链信息等；非关系数据管理平台主要存储海量非结构化的互联网数据；过程数据主要存储企业生产数据、物流数据、产品交易过程数据等。

（2）创新知识基础

创新知识是指已经被研究总结出来的有组织、结构化且易于利用的知识集合，主要包含科学知识库、专利知识库、产品知识库及 TRIZ 发明原理和实例库。科学知识是指普遍存在的科学现象，包括物理、化学、几何、生物等各方面学科知识。产品研发人员在产品创新设计过程中，采用不同的科学知识作为产品实现原理，可获得不同的产品形态，但每个研发人员所掌握的科学知识是有限的，科学知识库为创新人员提供更多原理来开展创新研发活动。专利知识库是新技术、方案和工艺及各领域最新研究成果的集合。利用已有专利或发明新专利，在产品创新过程中对研发人员都有着明显的激励作用。产品知识库包含不同领域产品具体设计知识，如产品结构知识、工作原理、设计方案、加工工艺、材料性能、技术资源和优势分析等，将与该产品开发中已存在的技术、资料和经验进行有效整理，为设计者提供充分的设计资源，辅助研发人员由原理类知识向具体专业知识的映射。TRIZ 发明原理和实例库是指 TRIZ 理论中提供的 40 条原理并给出对应的参考实例，辅助研发人员更好地理解和利用发明原理，结合实际问题，最终将抽象原理转化为具体设计方案。

（3）创新工具集成基础

创新工具集成主要是指计算机辅助创新（CAI）软件，即以创新方法论为基础，结合现代设计方法学、计算机技术等多领域科学知识而形成的创新工具，为创新人员提供全面、系统的解决创新问题的方法。目前比较有代表性的 CAI 软件主要有美国 Invention Machine 公司的 Goldfire InnovaterTM、美国 Ideation International 公司的 Innovation WorkBench、德国 TriSolver GmbH & Co. KG 的 Trisolver、比利 CREAX NV-Mlk 的 Creax Innovation Suite、亿维讯（IWINT）公司的 Pro/Innovater，河北工业大学创新设计团队开发的 InventionTool 系列软件。

2. 数据驱动创新的三大原理（见图 4.8）

图 4.8 数据驱动创新的三大原理

（1）知识融合原理

数据驱动创新方法论的基础在于从大量多源、异构、动态、碎片化、不确定及稀疏的数据源和知识源中挖掘出隐含的、有价值的、尚未被发现的信息和知识。知识融合原理是指通过对分布式数据源和知识源进行组织和管理，结合应用需求对知识元素进行转化、集成和融合等处理，使孤立的知识相关联，使分散的知识集中，使混乱的知识有序，使隐性知识显化，从而在知识资源与用户之间建立有效的联系，缓解知识无限性与用户需求无法满足之间的矛盾。

（2）矛盾解决原理

数据驱动创新方法论的关键是创新问题的解决，适用于 TRIZ 理论中的矛盾解决原理。对应 TRIZ 中的技术矛盾和物理矛盾，矛盾解决原理分为技术矛盾解决原理和物理矛盾解决原理。技术矛盾解决原理：TRIZ 提出描述技术矛盾的 39 个通用工程参数，如温度、速度、强度等，同时，为了解决技术矛盾，TRIZ 理论提出了 40 项发明原理，如分割、分离、不对称等。TRIZ 中利用矛盾矩阵将描述技术矛盾的 39 个工程参数与 40 条发明原理建立了对应关系，通过矛盾中的两个参数可以得到相应的发明原理。物理矛盾解决原理：TRIZ 提出采用分离原理解决物理矛盾的方法，包括空间分离和时间分离、基于条件的分离、整体与部分的分离。另外，解决物理矛盾的分离原理与解决技术矛盾的发明原理之间也存在关系，一条分离原理可以与多条发明原理存在对应关系。

（3）数据驱动原理

数据驱动创新的核心在于数据。数据驱动原理是将数据挖掘方法流程应用于企业创新决策过程，使企业创新决策完全依赖于大数据的分析和预测，避免任何由直觉性决策所引起的创新失败。创新决策前，分析挖掘数据，洞察消费者需求，预测预知产品未来趋势。创新决策中，将产品细节设计的决定权通过网络平台交给社会公众，根据公众的反馈数据设计出产品的模型，再次经过社会公众的互动反馈数据来决定产品最终设计，类似于 A/B 测试。创新决策后，根据消费者的互动数据检验创新决策，发现存在的问题，为下次创新积累数据。

3. 数据驱动创新的三大方法（见图 4.9）

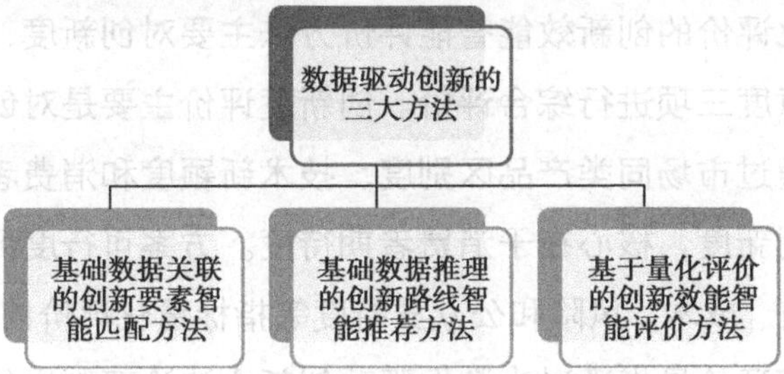

图 4.9　数据驱动创新的三大方法

（1）基于数据关联的创新要素智能匹配方法

基于数据关联的创新要素智能匹配方法指通过对产品数据、技术趋势、专利知识、专家评论及用户评价等海量多源数据进行分析计算，提取出与创新产品相关的概念，形成创新思维导图。通过创新思维导图引导，形成以“目标+主体”形式描述的创意点，如：便携式手机键盘，主体——手机键盘，目标——便携。创新思维导图中手机键盘关联着相关概念，如红外投影键盘、可穿戴式键盘、蓝牙键盘等，根据创意点中的“目标”智能匹配创新要素，如：若要求便携，则在材料选择上要趋向于柔性甚至是无材料。创新要素智能匹配为创新研发提供了研究方向，从这个方向中我们得到研发待解决问题，如：若选择无材料，技术能否实现，成本是否过高。

（2）基于数据推理的创新路线智能推荐方法

基于数据推理的创新路线智能推荐方法分两种情况进行：对于在创新知识库或搜索引擎，可以找到解决方法的问题，通过数据检索，直接推荐相关专利或技术；对于无法直接找到解决方案的问题，通过智能映射算法，将问题中的关键词和 TRIZ 理论中矛盾的 39 个参数进行映射，利用矛盾矩阵推荐问题解决原理，将得到的原理和问题发布到开放式创新平台，请求社会化与公众参与，形成最终解决方案并推荐给用户。

（3）基于量化评价的创新效能智能评价方法

基于量化评价的创新效能智能评价方法主要对创新度、方案可行度和消费者满意度三项进行综合评价。创新度评价主要是对创意好坏进行量化评价，通过市场同类产品区别度、技术新颖度和消费者期待度等指标智能评价创新度，核心在于消费者期待度。方案可行度评价主要是指通过预期价值、成本、风险和公众支持度等指标量化评价创新研发方案；消费者满意度评价是指通过大数据驱动创新方法论研制出的创新产品投入市场后，消费者对产品质量、具体性能、外观设计美感、易操作性、售后服务等是否满意。上述三项评价依赖于企业内部专业人员和创新平台上公众的参与，贯穿于创意产生、研发设计、产品投入市场的整个创新过程。此方法通过创新效能评价公式对以上三项评价进行综合计算，最终得到创新效能的最终评价指数。

4．数据驱动下未来创新三大新形态（见图 4.10）

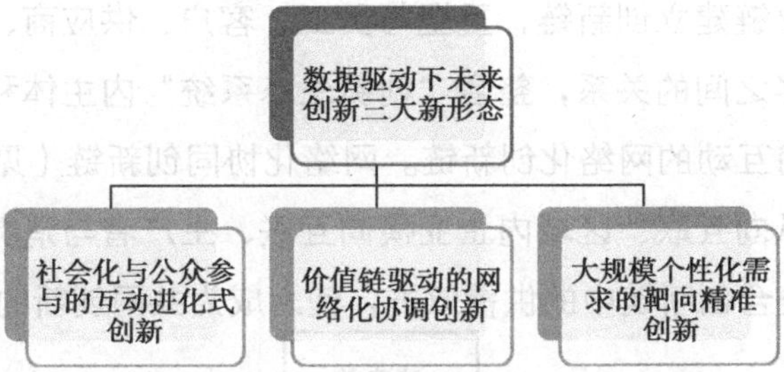

图 4.10　数据驱动下未来创新三大新形态

（1）社会化与公众参与的互动进化式创新

在大数据的背景下，企业和个人活动的数据不断流出，社会变得越来越透明，企业与消费者间的关系趋向平等、互动和相互影响，产品的创新和价值的创造过程日益社会化，更容易吸引公众参与。以技术发展为导向、实验室为载体、科研人员为主体的创新模式将转变为以用户为中心、以需求为导向、以社交平台为载体、以公众为主体的以人为本、面向知识社会的新型创新模式。

社会化与公众参与的创新主要是借助互联网，基于收集用户需求的手段和基础，企业与消费者实现密切互动，主动引导网民群体参与其业务流程管理中的创意、设计、生产、质量保证、市场推广、销售和客户关系管理的关键环节，并根据网民群体的互动反馈完成产品优化与创新，实现企业与网民群体的协同发展。互联网时代的"众包"模式就是公众参与创新的一个典型。

（2）价值链驱动的网络化协同创新

在知识经济时代，产品和技术更新速度日益加快，生产周期日益缩短，新知识技术的扩散日益增强，研发成本日益增高，企业单纯依靠自身使用传统的线性创新模式来实现创新已变得愈加困难。现代企业的创新在很大程度上开始依赖于社交媒体、网民群体、合作企业及竞争对手所构成的"创新生态系统"。

大数据为现代企业的创新模式带来了深刻变革，在价值链驱动下，企业围绕产业链建立创新链，重塑与员工、客户、供应商、科研机构及其他合作伙伴之间的关系，整合“创新生态系统”内主体和资源，形成多元主体协同互动的网络化创新链。网络化协同创新链（见图 4.11）使上下游企业纵向互联、区域内企业横向互联、生产者与消费者之间直接互联，通过整合创新链中的供需双方，使之成为共同创新的有机整体。

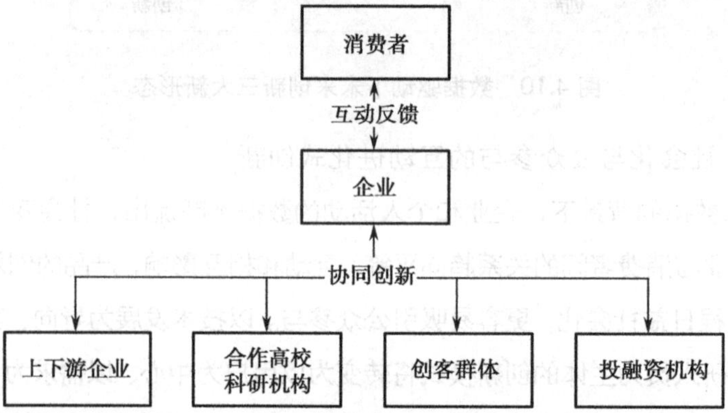

图 4.11　网络化协同创新链

（3）大规模个性化需求的靶向精准创新

传统商业时代，企业依靠传统的市场调查、市场分析方法是没有办法定位到每个人的需求和感知的，而这一点在互联网时代却可以做到。大数据驱动下的未来创新形态将是基于大数据分析，从用户的海量社交数据中提炼典型的行为模式，准确识别个性化特征，并将个性化定制中的共性内容进行聚合，实现大规模个性化需求的靶向精准创新。

由互联网用户创造的信息和数据（UGC）形成了互联网海量数据的重要来源，如消费者在各个渠道、生命周期各个阶段的行为数据，其中蕴含了大量用户个性化需求，企业利用行为分析、商务智能等手段，在这些数据中，以全面、集成的视角，开展深入的挖掘研究，判别消费者的购物喜好，分析购物行为、购物频率和品类搭配的一些习惯，绘制出每个顾客的完整的顾客云图，基于双向互动、反馈与评价，设计出高度精准、绩效可高度定量化的产品和服务。

4.2.4　创新引擎：机器学习与数据挖掘

1. 机器学习

机器学习（Machine Learning， ML）是专门研究计算机怎样模拟或实现人类的学习行为，以获取新的知识或技能，重新组织已有的知识结构，使之不断改善自身的性能。机器学习已经有了十分广泛的应用，如数据挖掘、计算机视觉、自然语言处理、搜索引擎、医学诊断、检测信用卡欺诈、语音和手写识别和机器人运用等。谷歌、亚马逊、丰田、强生等很多公司都在大规模采用机器学习技术作为理解海量数据、发现规律的工具来提高其产品和服务质量。Hinton 等人于 2006 年提出的深度学习是机器学习研究中的一个新的领域，它被引入到机器学习中，使机器学习更接近于其原始的目标——人工智能，其动机在于建立、模拟人脑进行分析学习的神经网络，它模仿人脑的机制来解释数据，如图像、声音和文本等，谷歌旗下公司开发的 AlphaGo 就是以深度学习技术为基础的。

大数据驱动创新的一个核心目标是要从数量巨大、结构繁多、价值密度低的数据中实时挖掘出隐藏在背后的规律，从而使数据发挥最大化的价值，对人工操作而言，这几乎是不可能的，必须与机器学习相结合，由计算机代替人去挖掘信息，获取知识。机器学习的核心就是帮助我们从数据当中分析潜在规律，利用这个规律对未知事物进行预测。大数据驱动创新的实现与机器学习的发展密不可分。

2. 数据挖掘

所谓数据挖掘是指从数据库的大量数据中揭示出隐含的并有潜在价值的信息。数据挖掘是一种决策支持过程，它主要基于人工智能、机器学习、模式识别、统计学、数据库、可视化技术等，高度自动化地分析企业的数据，做出归纳性的推理，从中挖掘出潜在的模式，帮助决策者调整市场策略，减少风险，做出正确的决策。大数据的关键不是使用海量数据，而是深入分析数据流，解读这些海量数据，从中推断出正确的结论。

（1）需求自动涌现、行为模式自动识别

对大数据进行充分的分析挖掘处理，能够获取丰富的信息和知识，包括实体、活动、事件及它们之间的相关关系。基于上述信息，以及与面向价值的智能匹配，需要研究用户需求涌现机制、行为模式自动识别技术，包括频繁活动实体、频繁活动事件序列、关联关系相似度、离群点检测方法等，以挖掘个性化需求，并形成共性的行为模式。

（2）产品和服务模式创新的智能推荐

一个好的创新项目除了需要好的产品和服务外，在互联网大数据环境下的企业创新关键是模式的创新，如产品和服务的使用模式、商业模式等。基于上述数据集成与融合后的大数据，借助互联网的社会参与，能够智能分析和识别出多方共赢、消费者容易接受、方便使用和获取的服务方式、应用模式和商业模式。

4.3 数据驱动创新方法论

BDDI 方法论分两大层次：原则层和创新方法层。原则层是创新的理论基础；创新方法层是创新的实现过程，创新方法层又具体分为阶段层、步骤层和工具层。

大数据驱动创新方法论层次图如图 4.12 所示。

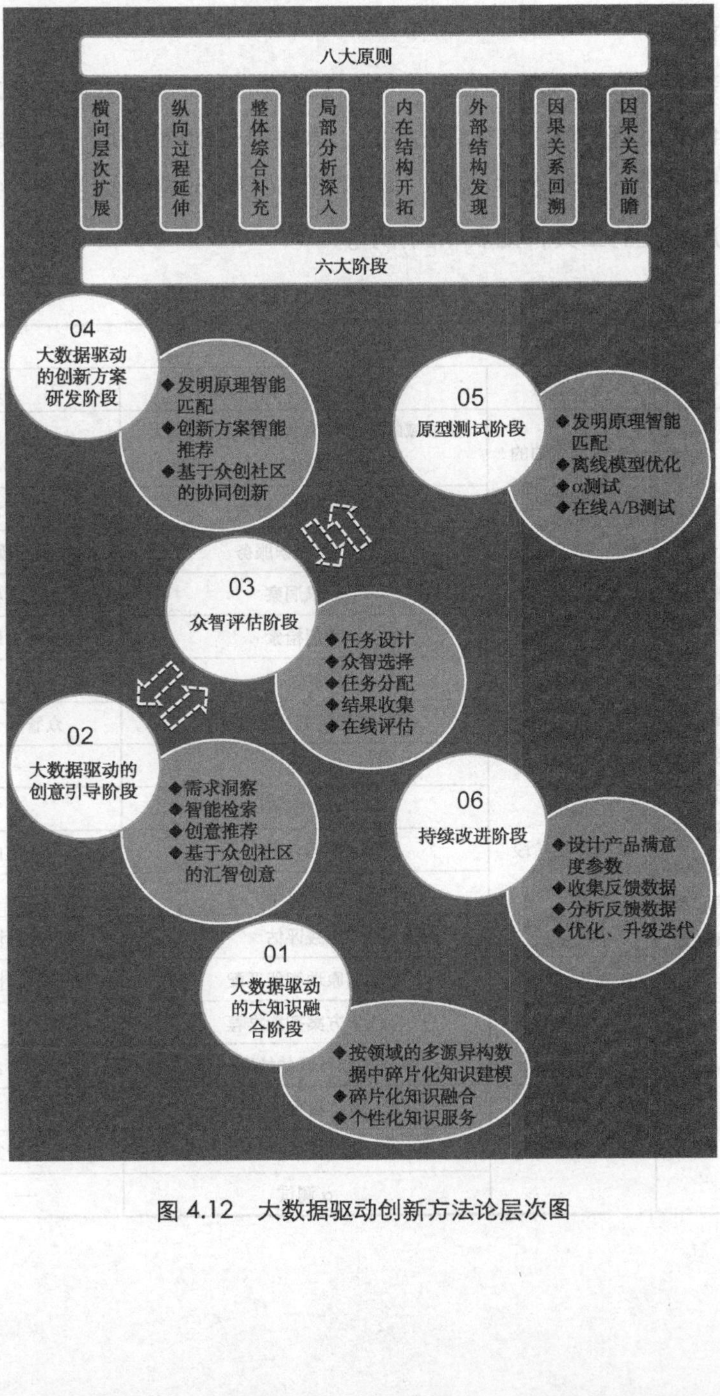

图 4.12　大数据驱动创新方法论层次图

原则层共有八大原则：横向层次扩展、纵向过程延伸、整体综合补充、局部分析深入、内在结构开拓、外部结构发现、因果关系回溯、因果关系前瞻。

创新方法层共有六大阶段：大数据驱动的大知识融合阶段、大数据驱动的创意引导阶段、众智评估阶段、大数据驱动的创新方案研发阶段、原型测试阶段、持续改进阶段。每个阶段又分别对应具体步骤，每个步骤又对应相应的工具，如表 4.1 所示。

表 4.1　大数据驱动创新方法论层次表

原　则	创 新 方 法		
	阶　段	步　骤	工　具
横向层次扩展 纵向过程延伸 整体综合补充 局部分析深入 内在结构开拓 外部结构发现 因果关系回溯 因果关系前瞻	大数据驱动的大知识融合阶段	按领域的多源异构数据中碎片化知识建模	爬虫
		碎片化知识融合	知识图谱
		个性化知识服务	数据可视化
	大数据驱动的创意引导阶段	需求洞察	数据建模
		智能检索	搜索引擎
		创意推荐	—
		基于众创社区的汇智创意	众智平台
	众智评估阶段	任务设计	—
		众智选择	—
		任务分配	精准定向
		结果收集	—
		在线评估	可行性计算
	大数据驱动的创新方案研发阶段	发明原理智能匹配	相关度计算
		创新方案智能推荐	—
		基于众创社区的协同创新	众智平台
	原型测试阶段	设计指标参数	—
		离线模型优化	原型设计工具
		α 测试	—

续表

原　则	创新方法		
	阶　段	步　骤	工　具
横向层次扩展 纵向过程延伸 整体综合补充 局部分析深入 内在结构开拓 外部结构发现 因果关系回溯 因果关系前瞻	原型测试阶段	在线 A/B 测试	众智平台
	持续改进阶段	设计产品满意度参数	问卷设计工具
		收集反馈数据	—
		分析反馈数据	关键词提取
		优化、升级迭代	—

4.3.1 数据驱动创新原则

崔自铎提出的科学思维创新方法论八则[①]同样也适用于数据驱动的创新。

1．横向层次扩展原则

将一切事物都看成矛盾群，由于事物的矛盾群在空间上是相互联系的，这种联系的有序性便使事物显示出层次性。因此，人们在某一领域或范围的思维创新便表现为对事物横向层次认识的扩展性思维创新。

2．纵向过程延伸原则

矛盾群是不断变化的，变化都要经历过程，而过程又显现为阶段。

① 崔自铎. 科学思维创新方法论八则. 中共中央党校学报，2001 年 5 月，第 5 卷第 2 期.

因此，思维创新，必须善于把握运动变化中的矛盾群，具体地分析探索矛盾群的过程性和阶段性实况，提出新理论，解决新问题，做出新创造。这便是对事物纵向过程认识的延伸性思维创新方法。

3．整体综合补充原则

人们认识事物时，就势必要认识一个矛盾群，势必会产生对矛盾群整体认识的不断深化、补充与推进过程，此过程称为对事物整体综合认识的补充性思维创新方法。

4．局部分析深入原则

一切整体都是由局部组成的，所以任何整体都是可分析的。每个局部，从一定角度说，也是一个整体，因此，局部也都是可以分析的。对事物局部分析认识的深化，也是一种特殊的思维创新方法。

5．内在结构开拓原则

如果我们认识的矛盾群是一个特定的整体，那么其中的各个矛盾则为部分，由于整体和部分之间的关系不是孤立的，而是相互依存、相互制约的，这便形成了整体内部的、复杂的、有机的关系，这就是事物的内在结构关系，而把握和揭示这一关系，也是思维创新的一个重要方法。

6．外部结构发现原则

从事物结构角度不断地深入认识客体世界，有两种创新思路：一种是上面提到的内向型思维创新，即对事物的内在结构（关系）认识的发现型思维创新；另一类是这里所谈的外向型思维创新，一个矛盾群整体可能是另一个矛盾群的部分，这个矛盾群与其他组成部分之间也存在着一定的关系，在进行思维创新时，也要洞察事物外部结构，即关于对事物外部结构（关系）认识的发现性思维创新。

7. 因果关系回溯原则

一切事物的发展都处于复杂的因果链条之中。每一因果链都是一个过程。过程的开端是因，过程的结局便是果。这是事物发展的一条客观规律。因果关系不是线性的，而是一个复杂的网络系统。对事物因果回溯关系认识的思维创新，便是建立在反映上述客观因果规律基础之上的。

8. 因果关系前瞻原则

如果说因果关系认识的回溯式思维创新方法所解决的问题，是找出已知结果的原因，那么，对事物因果关系认识的前瞻性思维创新，要解决的问题，就是对事物发展结局做出预测性思维创新。

4.3.2　数据驱动创新六大阶段

1. 大数据驱动的大知识融合阶段

大数据环境下，创新者的创新活动需要在知识融合的基础上进行，大数据驱动创新第一阶段即大数据驱动的大知识融合阶段，旨在为创新者搭建数据跨界融合公共支撑平台，分为三个步骤：按领域的多源异构数据中碎片化知识建模、碎片化知识融合和个性化知识服务。

（1）按领域的多源异构数据中碎片化知识建模

利用定向爬虫对按领域的多源异构数据进行爬取，整合企业内部和外部大数据并将其进行数据清洗，去除掉无效信息，采用合适的模型对多数据源中的碎片化知识进行建模。从多数据源中获取的碎片化知识对评估数据的可靠性和数据质量有重要的作用。

（2）碎片化知识融合

通过对碎片化知识的建模和语义封装，我们得到了用合适的模型表示的碎片化知识，为了进一步得到整个大数据集的全局知识，需要对碎片化知识进行非线性融合。多源异构的数据环境下，采用知识图谱对碎片化知识进行表示。

（3）个性化知识服务

本阶段的最终目标是提供以用户需求为导向的知识服务。通过对碎片化知识的非线性融合得到大数据的全局知识，为了将从大数据中获取的知识应用到知识服务中，需要考虑创新者的社交信息等个性化的信息，并需要合适的方法对创新者的个性化查询提供精确的推荐和导航服务。利用用户需求作为导向，使用知识图谱中的连接关系，寻找用户节点包含内容之间的关系。

2. 大数据驱动的创意引导阶段

创新者进行创新活动是从大数据驱动创新的第二阶段即大数据驱动的创意引导阶段开始的，本阶段分为四个步骤：需求洞察、智能检索、创意推荐和基于众创社区的汇智创意。

（1）需求洞察

通过阶段一的大知识融合过程，构建消费者完整知识图谱，实现对消费者需求的实时洞察和智能捕获，并定向推送给创新者，引导其产生符合市场需求的创意。具体实现步骤如下。

1）目标确定。确定创新目标，定向爬取相关领域产品的消费者购买和评价信息等数据并进行分析，从中得出消费者对产品的需求。

2）数据整理。对每一条数据进行打标签，打标签模式是“符合关键词—打相应标签”。

3）描述统计。描述这一领域内同类产品的基本情况，为后续产品模型的建立提供基础信息。

4）洞察结论。根据统计结果，得出产品洞察结论。

5）选择变量。

6）选择算法。

7）设定参数。

8）加载算法。

9）结果测试。测试过程中，很重要的一步是要看模型的可解释性，如果可解释性较差，则需要重做。

10）需求洞察结果报告。

（2）智能检索

根据创新者输入的关键词通过搜索引擎进行智能检索，通过相关度计算，得到所输关键词相关词云，创新者通过词云进行创新思维引导。

（3）创意推荐

根据创新者在词云中所点击关注的关键词自动生成创意描述文本。

（4）基于众创社区的汇智创意

将创意描述文本发送到众创社区，对创意可行性进行众智评估，同时征集更好的创意。

3. 众智评估阶段

阶段二中得出的创意描述和阶段四中得出的创新方案描述都要进入大数据驱动创新第三阶段（即众智评估阶段），本阶段分为五个步骤：任务设计、众智选择、任务分配、结果收集和在线评估。

（1）任务设计

对需要进行评估的创意或者创新方案进行任务设计，根据评估目标、指标参数、评估群体等有针对性地设计不同的任务。

（2）众智选择

根据不同的任务对众智群体进行相应的选择，如按年龄段、按所从事的行业或职业、按收入等。

（3）任务分配

将设计好的任务分配给已选择好的相应的众智群体，对创意或创新方案进行众智评估。

（4）结果收集

将不同任务、不同众智群体的评估反馈结果数据按期进行分类收集。

（5）在线评估

将收集到的结果根据适当的评估公式进行在线评估，得到创意或创新方案的评估结果。

4．大数据驱动的创新方案研发阶段

创意进行众智评估后，将进入大数据驱动创新第四阶段（即大数据驱动的创新方案研发阶段），本阶段分为三个步骤：发明原理智能匹配、创新方案智能推荐和基于众创社区的协同创新。

（1）发明原理智能匹配

提取创意描述中需要改善的和可能会恶化的工程参数，确定工程参数矛盾对，利用矛盾矩阵，智能匹配 TRIZ 的发明原理。

（2）创新方案智能推荐

按照领域关键词列出与发明原理相对应的专利和历史解决方案，并根据关键词的相关度给出优先级排序，提取专利中共同关键词并形成创意方案描述文本。

（3）基于众创社区的协同创新

将智能推荐的创意和创新方案发布到众创社区，对创新方案实行众智评估，同时利用奖励机制发动社区创客进行众创，得到更多、更优的创新方案。

5. 原型测试阶段

创新方案确定之后进入新产品创新研发阶段，之后进入大数据驱动创新第五阶段即原型测试阶段，本阶段分为四个步骤：设计指标参数、离线模型优化、α 测试和在线 A/B 测试。

（1）设计指标参数

定义并设计要进行测试的指标参数，如想要提高用户体验并增加用户使用率等指标。

（2）离线模型优化

假设一个设计能够实现指标，对此进行研发测试原型并优化，考虑一些应变量和自变量，对照比较等。

（3）α 测试

公司内部的人员对产品原型进行小范围测试，避免研发错误产生，检验和优化设计。

（4）在线 A/B 测试

将设计完成的产品原型在众创社区进行 A/B 在线测试，从用户角度验证新想法或设计是否有效，如果成功，即将在产品研发中实施此方案，提高用户体验。在实施 A/B 测试时，很多不同的指标都会被记录，但是最终考量的还是最初设计的指标参数。

6. 持续改进阶段

产品正式投入市场后，进入持续改进阶段，分为四个步骤：设计产品满意度参数、收集反馈数据、分析反馈数据和优化、升级迭代。

（1）设计产品满意度参数

将需要进行调查反馈的满意度参数及评分级别进行设计，如外观、性能、性价比等，满意度得分分别是 1～5 颗星五个级别等，每个参数满意度后面可备注满意或不满意的具体原因。

（2）收集反馈数据

通过众创平台、官网评论或者电话回访、问卷调查等线下方式进行满意度调查，收集反馈数据。

（3）分析反馈数据

将收集到的反馈数据进行数据分析，得出产品优缺点和主要存在的问题。

（4）优化、升级迭代

经过数据分析得到的产品信息将是产品下一次创新需要重点解决的问题，数据信息将进入大知识融合阶段，开始进行产品优化、迭代升级。

4.4 大数据驱动创新工作平台

基于大数据创新系统，可以实现互联网消费者需求的实时化洞察与智能捕获，产品和服务的模式创新与智能化推荐，不断智能地涌现需求和创新模式，为企业创新研发提供实时的创新思维和驱动力。同时需求和模式之间智能匹配，不断涌现更多的创新思维。

系统以创新为主线，以资源共享为核心，以优化重组为原则，通过整体规划和设计，构建起以大数据跨界融合公共支撑系统为基础，以需求洞察与捕获系统、需求挖掘和行为模式分析系统和大数据驱动的模式创新智能推荐系统为核心，以大数据驱动的社会化众智众创互动反馈评价系统为主体，构成体系完备的大数据驱动创新平台。五大系统是以大数据为驱动的，大数据来源与平台架构中介绍的数据来源相同。

大数据创新软件系统技术架构如图 4.13 所示。

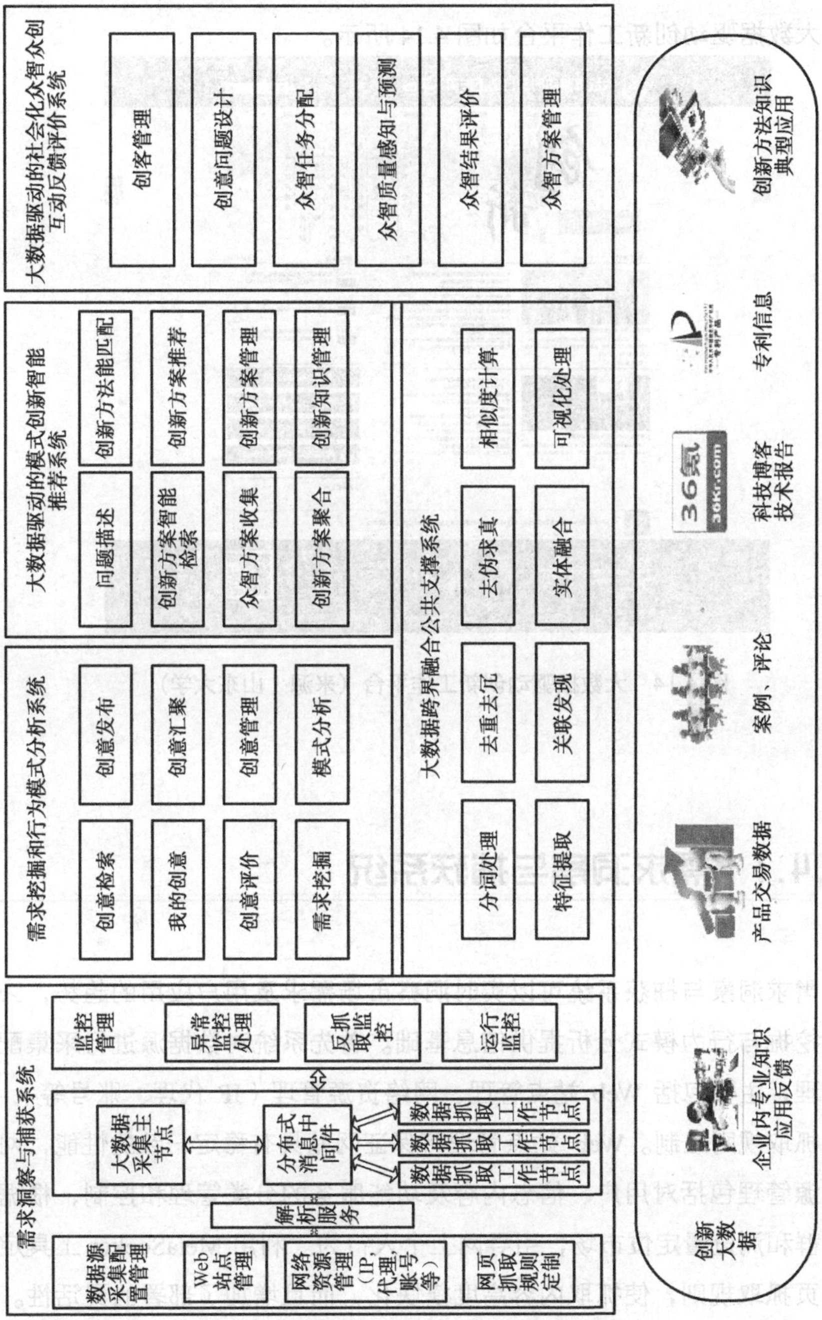

图4.13　大数据创新软件系统技术架构

大数据驱动创新工作平台如图 4.14 所示。

图 4.14　大数据驱动创新工作平台（来源：山东大学）

4.4.1　需求洞察与捕获系统

需求洞察与捕获系统可以实时洞察市场需求及用户应用的趋势，为需求挖掘与行为模式分析提供信息基础。首先系统对数据源进行采集配置管理，主要包括 Web 站点管理、网络资源管理（IP 代理、账号等）、网页抓取规则定制。Web 站点管理可保证网站具有稳定一致的性能，网络资源管理包括对用户、信息内容及功能服务的分类管理和控制，根据客户群和浏览量定位市场，引导网上个人行为。利用 MetaSeeker 工具定制网页抓取规则，使抓取内容高度模块化，而且增加了部署的灵活性。

解析服务让人们通过注册的域名解析成 IP，可以方便地访问到网站的服务，便于大数据采集主节点。分布式消息中间件是处于操作系统和应用程序之间的软件，它使用系统软件所提供的基础服务衔接大数据采集的主节点和数据抓取工作节点，以达到数据资源共享和协同工作的效果。同时，系统对大数据源的需求洞察与捕获的基本资源进行监控管理，包括异常监控处理、反监控管理和运行监控。异常监控管理指对系统运行状态的实时监测，发现异常及时处理。反抓取监控指系统被访时会禁止爬虫访问，以保障数据安全。运行监控是监控系统的运行进程，包括 CPU、内存这类资源的使用，有助于提高系统安全性和稳定性。

4.4.2　需求挖掘与行为模式分析系统

在软件研发过程中，分析用户需求及行为模式是一个关键的问题。随着数据的大量涌现，任何一种可能改变经济社会结构的新兴需求或任何一次可能产生创新的新思维、新想法都可能存在并以某种形式表征在大数据中。

此系统实现创意检索、创意发布、我的创意、创意汇聚、创意评价、创意管理，负责需求挖掘和模式分析功能，对应平台架构的创意引导模块。系统根据用户输入的关键字或段落检索挖掘用户需求，并对行为模式进行分析。用户在此系统中可以检索发布创意，并对系统智能推荐的创意集合进行筛选评价，保存至“我的创意”，方便用户查看和管理。

4.4.3 大数据驱动的模式创新智能推荐系统

作为双边市场的电子商务平台及第三方网络平台拥有供需各方所有的互动数据，因而掌握了独特的全方位的市场信息。这种信息对降低市场中供需双方的信息不对称、解决市场失效、提高企业利润和消费者价值获得有着关键性的作用，同时也为各种基于这些大数据平台的商业模式创新提供了巨大的市场机会。这些商业模式创新的源泉依赖于需求洞察与捕获系统、需求挖掘与行为模式分析系统从海量的双边市场数据中发掘出对供需双方有用的、传统市场研究无法提供的信息，以及理解和管理整个双边市场的演化。

此系统对应平台架构的研发指导，包括参与主体的识别工具、关系匹配工具、自组织适配工具、产品价值分析工具、多方共赢判定工具等，基于这些工具，可以智能地推荐多方共赢的产品形态、商业模式及营销策略。

系统基于问题描述，利用创新方法智能检索相关专利和技术趋势，匹配并推荐创新方案，用户对推荐的创新方案进行筛选管理，聚合来自社会化众智众创互动反馈系统反馈的众智方案，形成最终方案并存储至知识库，便于创新知识的管理。

4.4.4 大数据驱动的社会化众智众创互动反馈评价系统

互联网、云计算的崛起让软件开发商遇到转型难题的同时，也给有好的创意产品、优质资源或技术的社会群体乃至个人带来了机会，众筹、众智、众创成为最有效的资源。互动反馈评价系统为公众提供反馈、评价门户，便于公众参与到用户需求洞察、获取与优化过程中来。

系统对应架构图的创客社区，包括创客管理、创意问题设计、众智任务分配、众智质量感知与预测、众智结果评价与众智方案管理的功能。创客们在此系统中发布问题，集合众智进行任务分配和方案汇聚，并进行评价和管理，反馈到模式创新智能推荐系统，有利于拓宽众创空间，营造大众施展才华的浓厚氛围。

4.4.5　大数据跨界融合公共支撑系统

大数据跨界融合公共支撑系统为多源异构的大数据共享提供支撑，包括对大数据源的分词处理、去重去冗、去伪求真、相似度计算、特征提取和关联发现，在此基础上建立索引文件，有利于快速匹配数据库中的信息。在系统表现层进行实体融合，借助图形化手段对数据进行可视化处理，清晰有效地传达与沟通信息，帮助用户独立探索分析，有利于其他系统搜索引擎的查询处理，包括大数据抽取、融合、存储、分析、可视化等工具。目前业界有不少诸如 Flume、MongoDB、map-reduce、R、D3 等一系列工具，但是尚需集成在一起。公共支撑系统将这些工具有机集成，作用于数据驱动的创新方法，为创新活动提供支撑。

4.5　大数据驱动的创新过程

使用大数据驱动创新方法平台的创新工作过程如图 4.15 所示，遵循了创意引导、近似解决方案、众智方案和研发指导方案四个过程。

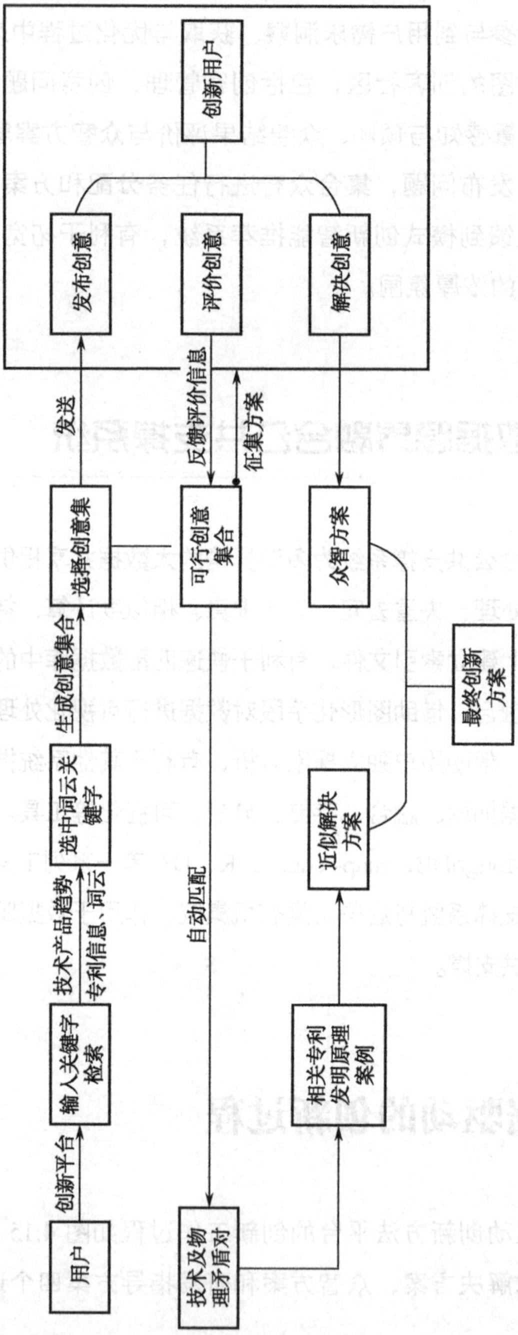

图4.15 大数据驱动的创新过程

4.5.1 创意引导阶段

创意引导首页包含搜索框和文本框。用户单击文本框可显示创意推荐，根据最新创新产品、技术信息、用户评价反馈、多数人搜索过的内容来进行智能创意推荐。内容为最新创新产品、技术趋势、用户反馈等新闻链接，单击可跳转到相应页面进行详细了解，获得用户需求，寻找创新点。首次单击进入，随机推送新闻，再次进入时根据上一次搜索内容进行相关推送。

用户也可利用搜索框通过输入关键字再单击“搜索”按钮，检索出相关技术、产品趋势和专利信息，进入词云界面。词云内容的数据来源选项共有产品数据、专利数据、科技博客、专业人士、用户评价五个，默认全部来源。用户可选择单独看某一项数据来源中提取出来的关键字词云，也可多选。数据来源选择变化，词云图也相应地随之变化，如图 4.16 所示。

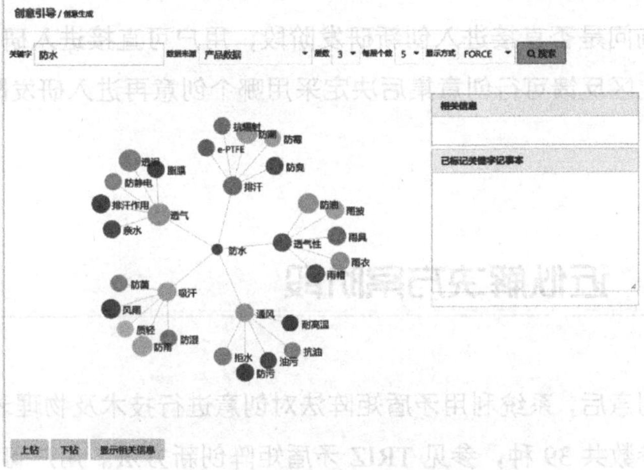

图 4.16 词云展示界面

词云图以用户搜索关键词为中心，以与中心词关系最为紧密的关键词为邻接点，进行连线，可以由中心词向外扩展。词语间的相关程度通过连线的颜色、粗细和字体大小来区分。字体越大、连线越粗表示该词与中心词关系越密切。系统可以重新以邻接点为中心展开与此词相关的图。即可以任意下钻（以选中新词为中心的词云图）任意层。例如查询“手机”，有“屏幕”邻接点，以“屏幕”为中心，有“液晶屏”邻接点，以“液晶屏”为中心，有“电脑”邻接点等。单击选中关键词，再单击下钻进行以所选关键词为核心的新的词云检索，形成新的词云图。单击上钻返回上一层词云图。在词云界面下方是关键字搜索框，可以把词云图中感兴趣的关键字拖拽进去，根据关键词相关程度自动生成创意集合，单击生成创意集合跳转到创意集合页面。

创意集合界面中的列表框为根据所选关键字生成的创意集合，选择感兴趣的创意，单击“添加”按钮，即添加到已选创意中。因系统自动生成的创意未必完全符合用户的想法，可对已选的创意进行编辑整理，保存后与已选创意一起发送到创客社区。单击“发送社区”按钮后弹出消息框，询问是否直接进入创新研发阶段，用户可直接进入研发阶段，也可等待社区反馈可行创意集后决定采用哪个创意再进入研发阶段。

4.5.2 近似解决方案阶段

选定创意后，系统利用矛盾矩阵法对创意进行技术及物理矛盾定义。矛盾矩阵参数共 39 种，参见 TRIZ 矛盾矩阵创新方法。用户可以自己选择工程参数，但应保证不能在同一矛盾对中出现改善和恶化的工程参数相同；也要保证不同矛盾不能相同及出现冲突，如矛盾 1 改善参数为“运动物体的质量”，矛盾 2 或矛盾 3 就不能出现恶化参数“运动物体的质量”。用户也可以单击“矛盾自动分析”按钮进行矛盾对参数自动设定。

矛盾对确定之后，单击“下一步”按钮，进入发明原理确定界面。用户可以根据实际情况选择相应的发明原理，每个发明原理后都有相应的进一步描述链接，如详细描述、使用技巧、实例、相关专利等。“实例”包含预设的实例及以前使用该系统最后确定的加入知识库中的实例。“相关专利”是整理专利后根据发明原理描述计算相似性检索出的，单击后会出现新的“相关专利”页面，并按相似度排列专利，详情可进入相关专利链接。选定发明原理后用户可以得到近似解决方案，并通过“知识库更新”把相关信息更新到知识库；如果对方案不满意或要进一步评估和征求方案，可以通过“众创平台发布”发布到创客社区征集众智方案。

4.5.3　众智方案阶段

众智方案是在创客社区平台形成的。用户通过发表自己的创意为创新平台提供数据来源。创客通过查看创意详细信息对已有创意进行可行性投票，并将可行创意集合反馈到创新平台，智能筛选可行创意方案集。用户参考可行方案集选中创意后可进入研发阶段。在创客社区，用户可以针对问题创意提出自己的观点建议或解决办法，聚集全社会各类创新资源、各种人群智慧，形成众智方案。

4.5.4 研发指导阶段

研发指导阶段包含近似解决方案阶段和众智方案阶段，用户将两个阶段形成的方案进行分析和判断，并融合形成最终创新方案，进入众筹阶段。

第5章

数据变革制造

1998 年，美国的赖特（Paul Kenneth Wright）、伯恩（David Alan Bourne）出版了智能制造研究领域的首本专著《智能制造》（*Smart Manufacturing*），就智能制造的内涵与前景进行了系统描述，将智能制造定义为“通过集成知识工程、制造软件系统、机器人视觉和机器人控制来对制造技工的技能与专家知识进行建模，以使智能机器能够在没有人工干预的情况下进行小批量生产”。他们还提出了智能机床的设想：采用拟人化的方法将智能机床制成能模仿熟练机械师技能的加工机器，根据给定的输入，自动完成加工任务，并输出所希望的产品。智能机床与熟练机械师操作普通机床具有同样的功能，因而具有智能。智能机床具有目标理解、信息感知、通信、适应控制等功能。

赖特和伯恩的思想无疑是非常超前的，但是智能制造如果没有数据的支持，就如同树无本、水无源。因此，智能制造在整个 20 世纪 80～90 年代并没有大的发展，直到 21 世纪新一代数据技术的发展，才使智能制造真正补全了短板。

5.1 数据化的产品

如今，越来越多的产品上安装了各种各样的数据传感器，可以实时搜集各种数据，使得产品变得越来越智能。以汽车为例，虽然行车计算机早在十几年前就已经装备到了汽车上，但早期汽车所捕捉的信息会存储在车体的计算机中，主要用于汽车故障的诊断，而且这些数据覆盖的范围和数据量也很小。今天，许多车辆已经可以无时无刻地接入到互联网中，实现了数据的实时上传，那些过去很少被使用的数据已经从一股涓涓细流变为洪水。

这些数据能干什么呢？汽车数据来源于顾客，首先要让顾客受益，他们才乐意将这些数据上传上来。典型地讲，需要考虑顾客四个方面的利益：安全、便利、省时和降低成本。不难理解，实时的汽车数据有助于突发场景下的紧急救援和呼叫，还可以向用户通报路面灾害，辅助做出快速响应。至于便利，通过预防性的保养数据可以减少汽车抛锚的风险，车载管家服务可以提供诸如洗车、加油之类的常规服务，连接服务提供了方便的车载娱乐。路径优化、导航和网络泊车可以避免旅行中的时间浪费。如果顾客可以接受车内广告，或者向保险公司共享信息，他们还可以获得一些销售返利和保险折扣，其他的一些五花八门的促销措施也可以帮顾客省掉一小笔开支。

这些源源不断的数据正在变成一笔宝贵的财产。麦肯锡的一份研究报告（见图 5.1）指出“全球范围内，汽车数据货币化的整体利润到 2030 年将达到 4500 ~ 7500 亿美元。①”

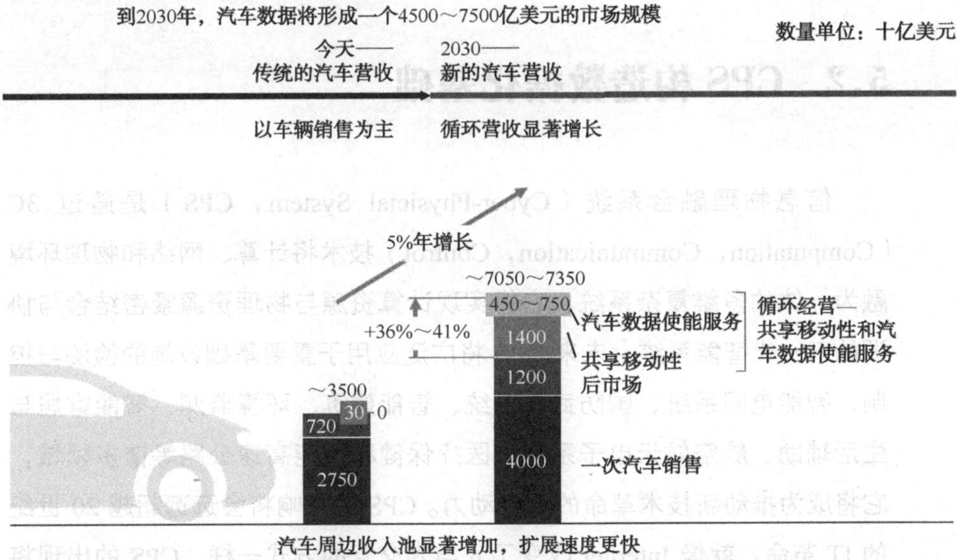

图 5.1　汽车数据的巨大价值（麦肯锡公司，2016）

① 麦肯锡研究报告. 汽车数据货币化：创造消费者利益的服务业新商机. 2016 年 9 月.

更进一步，工业 4.0 中的智能产品具有独特的可识别性，可以在任何时候被分辨出来。甚至在制造它们时，就可以知道整个制造过程中的细节。在某些领域，这意味着智能产品能够半自主地控制它们生产的各个阶段。此外，智能产品也有可能确保它们在工作范围内发挥最佳作用，同时在整个生命周期内随时确认自身的损耗程度。这些信息可以汇集起来供智能工厂参考，以判断工厂是否在物流、装配和保养方面达到最优，当然，也可以应用于商业管理应用的整合①。

面对产品数据化的趋势，高科技公司、创业公司、各种移动运营商、数据管理服务公司、保险公司、公路服务站及各基础设施建设者都在摩拳擦掌，准备分一杯羹。而传统的制造企业则需要转变观念，突破原有的价值链体系，将数据置于与产品同样的地位，发掘新的价值。

5.2 CPS 构造数据化基础

信息物理融合系统（Cyber-Physicial System，CPS）是通过 3C（Computation，Communication，Control）技术将计算、网络和物理环境融为一体的多维复杂系统，它将实现计算资源与物理资源紧密结合与协调的下一代智能系统。未来 CPS 将广泛应用于重要基础设施的检测与控制、智能电网系统、国防武器系统、智能建筑、环境监测、智能家居与生活辅助、航空航天电子系统、医疗保健和智能高速公路等诸多领域，它将成为推动新技术革命的重要动力。CPS 的影响将会远远超越 20 世纪的 IT 革命，就像 Internet 改变了人与人交互的方式一样，CPS 的出现将

---

① 德国联邦教育研究部. 德国工业 4.0 战略计划实施建议. 中国工程院咨询服务中心，译. 2013.

改变人与物理世界交互的方式。

CPS 的基本组件包括传感器（Sensor）、执行器（Actuator）和决策控制单元（Decision-making Control Unit）。基本组件结合反馈循环控制机制，构成了 CPS 的基本功能逻辑单元，执行 CPS 最基本的检测与控制功能。传感器与执行器是物理和计算世界的接口，决策控制单元根据控制规则部署监测任务。传感器将感知到的信息反馈给决策控制单元，作为控制规则算法的输入，经过计算得到控制指令。执行器根据控制指令操控物理对象。

物联网和服务使得创建网络来整合整个制造过程成为可能，从而将工厂转变为一个智能环境。工厂信息物理生产系统包括智能机器、储存系统和生产设施，从入厂物流到生产、销售、出厂物流和服务，实现数字化和基于信息通信技术的端对端的集成。这样不仅可以更加灵活地配置生产，而且可以通过提供更加差异化的管理和控制过程来拓展机会①。

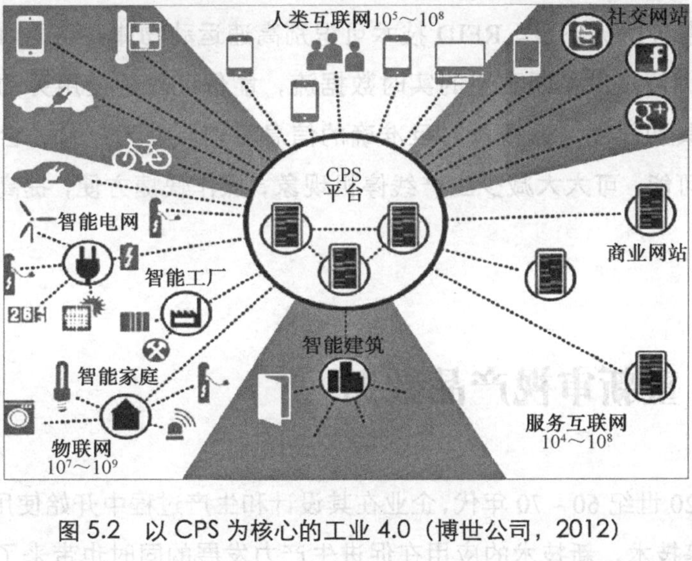

图 5.2　以 CPS 为核心的工业 4.0（博世公司，2012）

① 德国联邦教育研究部. 德国工业 4.0 战略计划实施建议. 中国工程院咨询服务中心，译. 2013.

工业 4.0 强调以 CPS 为基础，就是通过强大数据采集引擎、整合数据采集渠道（RFID、条码设备、PLC、Sensor、IPC、PC 等）覆盖整个制造现场，保证海量现场数据的实时、准确、全面采集；打造工厂生产管理系统数据采集基础平台，具备良好的扩展性；采用先进的 RFID、条码与移动计算技术，打造从原材料供应、生产、销售物流闭环的条码系统；具有全面完整的产品追踪追溯功能；进行生产 WIP 状况监视；实现 Just-In-Time 库存管理与看板管理；进行实时、全面、准确的性能与品质分析 SPC；实现对产品设计、制造与服务过程中制造资源与信息资源的动态感知、智能计算与优化控制的一种新型制造模式和信息服务模式。通过个性化的工厂信息门户（Portal），管理者使用 Web 浏览器就可以随时随地掌握生产现场实时信息。

RFID（射频识别）是一种非接触式的自动识别技术，它通过射频信号自动识别目标对象并获取相关数据，识别工作无须人工干预，可工作于各种恶劣环境。RFID 技术可识别高速运动物体并可同时识别多个标签，可提供不断更新的实时数据流，能保证正确使用劳动力、机器、工具和部件，进行及时且准确的信息管理，使无纸化、合同化生产成为可能，可大大减少生产线停机现象，操作快捷方便，提高了生产效率。

5.3 重新审视产品数据

在 20 世纪 60～70 年代，企业在其设计和生产过程中开始使用 CAD、CAM 等技术，新技术的应用在促进生产力发展的同时也带来了新的挑战。对于制造企业而言，虽然各单元的计算机辅助技术已经日益成熟，但都自成体系，彼此之间缺少有效的信息共享和利用，形成了所谓的“信息孤岛”；并且随着计算机应用的飞速发展，随之而来的各种数据也急剧膨胀，对企业的相应管理产生了巨大压力：数据种类繁多、数据重复冗余、数据检索困难、数据的安全性及共享管理等。

这时候，产品数据管理（Product Data Management，PDM）应运而生。PDM 是一门用来管理所有与产品相关数据（包括零件信息、配置、文档、CAD 文件、结构、权限信息等）和所有与产品相关过程（包括过程定义和管理）的技术。通过实施 PDM，可以提高生产效率，有利于对产品的全生命周期进行管理，提升对文档、图纸、数据的高效利用，并使工作流程规范化。

单从字面上理解，PDM 就是管理数据的，借助跟踪设计、制造所需的大量数据和信息，并由此支持和维护产品。PDM 系统可帮助组织产品设计，完善产品结构修改，跟踪进展中的设计概念，及时方便地找出存档数据及相关产品信息。

从过程来看，PDM 系统可协调组织整个产品生命周期内（如设计审查、批准、变更、工作流优化及产品发布等）的过程事件。（在 PDM 中，通过生命周期管理、工作流程管理、研发项目管理、资源配置管理等对产品开发中的过程及相关数据和资源进行管理。）

大数据时代，随着信息社会数据爆炸性的增长，众多企业已经意识到数据的价值，企业收集到的大量数据就是其核心资产，是企业实现赢利的关键。产品数据管理系统得以焕发新的生机，将进一步提升产品数据的共享性和设计研发的效益与效率，促使产品研发迈入“大数据时代”。

5.3.1 再造产品数据管理

国外的产品数据管理起源于20世纪70年代，管理对象是电子文档，简称EDM，80年代后期人们发现文档和产品不是一一对应的关系，为了满足用户个性化的需求，必须将二者分开管理，于是出现了面向产品对象的管理系统，称为PDM（见图5.3）。

图5.3 PDM的“小目标”：把正确的文档在正确的时候送到正确的地方

产品数据（包括与产品相关的信息）包括项目计划、设计数据、产品模型、工程图纸、技术规范、工艺资料等；与产品相关的过程包括工作流程、机构关系等过程处理程序。PDM以产品为管理核心，以数据、过程和资源为管理信息的三大要素。PDM进行信息管理的两条主线：静态的产品结构，动态的产品设计流程。所有数据组织和资源管理都是围绕产品设计展开的，核心思想是设计数据的有序、设计过程的优化和资源的共享。

数据来源：CAD 图纸能自动、批量地采集到产品数据库中，利用产品的零部件设计图自动生成产品部件装配图。与三维 CAD 系统集成，启动提取三维 CAD 系统文件内部的相关信息，并根据组件信息生成明细表，自动组织相关装配关系，系统随着图文件相关数据的变迁，能自动更新维护此种装配关系。与 CAPP 集成后，PDM 能将 CAPP 产生的各种汇总表等数据读入，完成项目管理、图纸管理。PDM 的管理目标：工程数据的一致性，共享数据库——无须复制的文件（数据）发放/更改，建立分布式电子仓库，安全、高效地进行文档的创建、存储、变更、访问等控制。

产品结构与配置管理，采用产品结构树存储产品结构和设计信息，并自动转换其他系统设计的图纸信息，可以形成产品零部件物料清单；提供有效性、变量、版本等配置服务进行产品配置，为企业提供更大的灵活性，可以在同一个 BOM 上配置出满足各种条件、符合各种要求的产品结构树，满足企业内部多视图查询、面向订单制造的要求等。

20 世纪 90 年代末，为了适应大批量定制的需要，人们又发现设计的产品对象和制造的产品对象也不是一一对应的关系，二者也必须分开管理。于是出现了面向产品全生命周期的管理系统，即 PLM。PLM 将产品的开发流程与 SCM（供应链管理）、CRM（客户关系管理）、ERP（企业资源计划）等系统进行集成，实现企业知识价值的提升与知识共享管理，可以帮助企业从早期设计阶段入手，使不同的角色实现实时、高效的协同，包括产品数据或有关产品的需求、技术方案、图纸、工艺文件等信息的交换，跟踪和管理从产品研发、设计变更到采购、生产制造及售后服务、退出市场回收等全生命过程的数据和信息的支持，加强跨地域、跨实体、跨部门的协作协同运作能力。

由于大数据的发展，互联网企业的产品数据管理体系相对于传统企业的产品数据体系有着更显著的差异和特色①：

（1）由于产品功能多元化和产品更新迭代速度的加快，数据体系的构建更为复杂；

（2）可采集的数据更为全面和多样化，数据对产品运营和优化决策的作用更为显著；

（3）对数据处理能力的要求更高，尤其是对海量数据处理的能力，数据计算的实时性方面要求更高；

（4）对数据分析和数据挖掘的深度要求更高，数据能够为产品决策提供更多的支撑。

这四方面形成闭环，不断循环改进。虽然互联网产品的数据管理体系从数据统计指标体系出发，而数据分析和数据挖掘是最后一步，但经过数据分析和数据挖掘，也会进一步促进数据统计指标的设计和优化。

5.3.2 借助 BOM 贯穿数据管理

BOM（Bill of Material，物料清单）是计算机可以识别的产品结构数据文件，也是 ERP 的主导文件。BOM 是一种产品结构的描述方法，是产品数据的组织方式，它使系统识别产品结构，也是联系与沟通企业各

① 傅志华. 构建互联网产品数据管理体系. http://www.cbdio.com/BigData/2015-06/29/content_3363877.htm. 2015-06-29.

项业务的纽带。BOM 还是 CIMS/MIS/MRP Ⅱ/ERP 与 CAD，CAPP 等子系统的重要接口，是系统集成的关键。

制造企业中 BOM 的演变如图 5.4 所示。

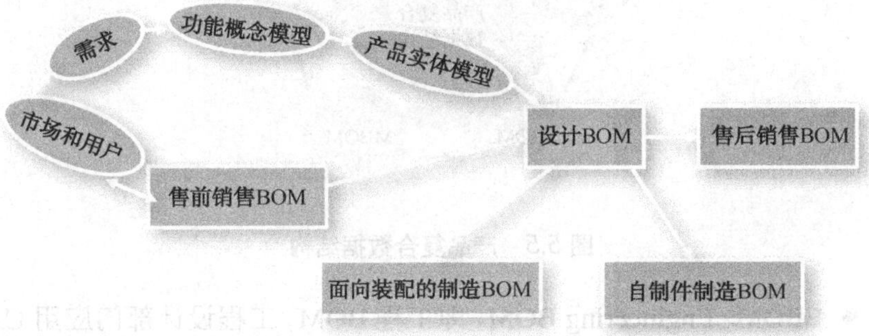

图 5.4　制造企业中 BOM 的演变

在企业中，对于同一个产品，不同部门关注的重点并不相同，设计人员从功能、外形、接口层面考虑 BOM；工艺部门则关注零部件的加工方式及工艺路线；制造部门则从制造可行性方面考虑 BOM……这样，不同部门产出的 BOM 结构及信息是不同的，但又有一定的关联。企业级 BOM 系统中通过不同类型 BOM 数据之间的关联关系，自动或手工进行数据的传递及转换。

对于飞机、汽车等大型制造与装配行业，其 BOM 结构十分复杂，转化与调整较为频繁，因此能否明确定义和划分不同种类的 BOM、实现不同 BOM 之间正确的转化、对 BOM 进行合理而系统的管理是实现飞机、汽车等行业 PLM 的关键。

产品的形成要经过工程设计、工艺设计、生产制造与管理 3 个主要阶段，在 PLM 环境下的这 3 个过程中分别产生了名称相似但差异较大的三个主要的 BOM 概念：EBOM、PBOM 和 MBOM。这三种 BOM 在 PLM 系统中具有不同的表现形式和作用，如图 5.5 所示。

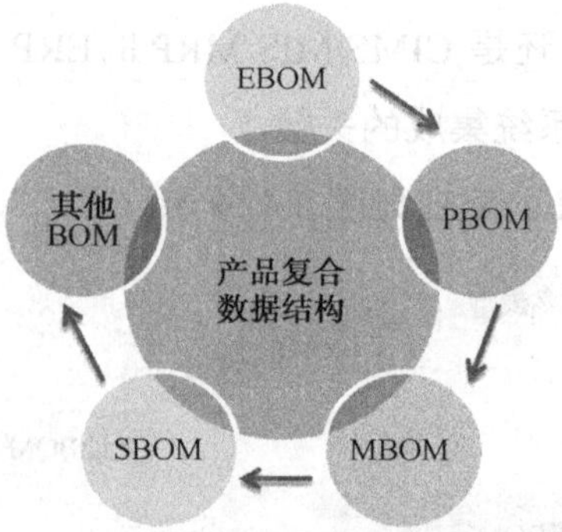

图 5.5　产品复合数据结构

- EBOM：Engineering BOM，即工程 BOM，工程设计部门应用 CAD 系统产生的设计数据，生成产品名称、产品结构、明细表等信息。它通常精确地描述了产品的设计指标、零部件之间的逻辑装配关系、零部件总体信息（名称、代号、类型、数量、材料）、零部件形状信息（尺寸信息）、零部件制造信息（表面粗糙度、尺寸公差、精度等级、材料特性）、零部件关联信息（位置关系尺寸与公差）等。
- PBOM：Plan BOM，即计划 BOM 或工艺 BOM，工艺设计部门以 EBOM 中的数据为依据，依据工艺路线分工计划、实际制造中的加工与装配过程及装配部门对装配件和加工件的交付状态的要求，通过调整 EBOM 中零部件的装配关系、设置零部件的不同状态，形成工艺设计过程中的虚拟件和变态件，对 EBOM 再设计出来的用于指导工艺工作的产品数据清单。它用于工艺设计和生产制造管理，使用它可以明确地了解零件与零件之间的制造与装配关系，跟踪零件制造方法、地点、人员、物料和过程等信息。
- MBOM：Manufacturing BOM，即制造 BOM，生产制造管理部门根据工艺部门生成的 PBOM，参考工艺设计中零件的加工步骤与装配件的装配步骤，更改零部件的装配顺序，增加工艺资源、工时、材料、物料等信息，以工艺过程中的工序为单位扩充 PBOM，最后形成 MBOM，作为调配工艺资源、编制生产计划等管理工作的参考依据。

5.3.3　以 BOM 为基础的制造数据平台

东风汽车股份有限公司（DFAC）是东风汽车公司旗下专门从事轻型汽车制造销售的上市公司，其汽车产品覆盖轻卡、皮卡、微卡、轻客、微客、MPV、SUV、特种车、轻客底盘全系列 LDV 商品线，2012 年汽车销售超过 30 万辆。2005 年，东风汽车股份有限公司开始自主研发面向汽车产品数据全过程管理的信息系统 DFA-BOM，2010 年系统全面投入使用①。

东风股份从 2005 年开始 EBOM 的开发和应用，到 2010 年，用 5 年时间完成了 MBOM（制造 BOM）、PBOM（生产工艺 BOM）、SBOM（售后服务 BOM）全领域 BOM 的开发应用，这些 BOM 为企业的 SAP、SCF、E3S、MES、PDM 等系统提供了精准的基础数据，有力地支持了企业 30 万辆汽车的生产销售。

产品的配置管理最早运用于国外轿车的设计生产，但商用车的配置化管理比乘用车的配置化管理要复杂得多，因为乘用车产品的配置比较少，一般只有四五种配置，但商用车一个基础车型衍生出来的变型车型

① e-works. 蔡虹. DFA-BOM：搭建东风股份数据支撑平台. http://articles.e-works.net.cn/pdm/article111067.htm.

就有近百种之多。在数据平台的支持下，企业可以基于客户的需求来确定系列车型的配置规格，在商品企划阶段就考虑配置化需求，具体来讲分三个层面实现：

（1）在商品企划阶段，根据用户需求实现整车级别的主要功能性能方面的配置化；

（2）在产品设计阶段，根据用户需求实现系统级别的配置化；

（3）在产品生产阶段，根据用户特殊需求实现零件级别的配置化。

BOM 中零部件之间有三种配置化逻辑关系：互斥、关联、包容，在产品设计过程中定义出各类零部件之间可能的配置及配置间的逻辑关系，客户根据配置表进行点菜式选择，系统按照客户选择和设计定义的逻辑规则进行运算，生成一台商品车实例化 BOM——这就是配置的基本思路。

系统中不同 BOM 之间转化时，数据结构保持不变，如 EBOM 转化为 MBOM，只是在原有 BOM 结构上增加相关的业务属性，如零件的供应商、价格、工艺路线、供货方式等，然后 PBOM 再增加这些零件的工位信息，这样的转化方式便于实现各 BOM 之间的数据一致性。不同 BOM 之间数据的同步通过规范化的变更流程和软件接口规则来管控。现在，DFA-BOM 实现了东风汽车全价值链业务覆盖，不仅用于产品设计、生产准备、工艺过程、售后备件，还为企业销售、生产计划、物料收发存、财务核算等生产经营活动提供数据支持，已经成为东风汽车信息化的基础平台。

5.4 CAx 由实到虚

人类现实世界是一个由众多类型三维几何形状构成的集合体，因此，在 CAD/CAM 系统中，三维几何造型技术引起了人们的极大关注。工业界在 20 世纪 70 年代初期便开始研究用计算机直接描述三维物体的有效方法。

在传统的机械设计与加工中，技术人员通过二维工程图纸交换信息。使用计算机以后，所有工程信息，如图形、尺寸、符号等，都是以数字方式存取和交换的。计算机图形的生成与手工在图板上绘图不同，必须先建立图形的数学模型和存储数据结构，通过有关运算，才能把图形存储在计算中或显示在计算机屏幕上。正是由于将工程信息数字化，才使得计算机辅助工程的各个环节（设计、分析计算、工艺规划、数控加工、生产管理，即 CAD/CAE/CAPP/CAM 等）使用同一个产品数据模型，共享信息，从而实现 CAD/CAPP/CAM/系统的集成。而且，用计算机除了能绘制二维工程图外，还能生成三维图形、生成真实感图形和动态图形，能够对设计的零部件进行物性（面积、体积、惯性矩、强度、刚度、振动等）计算，能够进行颜色和纹理仿真及切削与装配过程的模拟。从而可缩短产品开发周期，提高产品的设计和制造质量。

CAPP（Computer Aided Process Planning）是计算机辅助工艺设计的简称。工艺设计是生产技术准备工作的第一步，也是连接产品设计与产品制造之间的桥梁。工艺规程是进行工装设计制造和决定零件加工方法与加工路线的主要依据，它对组织生产、保证产品质量、提高劳动生产率、降低成本、缩短生产周期及改善劳动条件等都有着直接的影响，因此是生产中的关键工作。

工艺设计必须分析和处理大量信息，既要考虑产品设计图上的有关结构形状、尺寸公差、材料及热处理及批量等方面的信息，又要了解加工制造中有关加工方法、加工设备、生产条件及工时定额，甚至传统习惯等方面的信息。

工艺设计包括查阅资料和手册，确定零件的加工方法，安排加工路线，选择设备、工装（必要时还要设计工装）、切削参数、计算工序尺寸、绘制工序图、填写工艺卡片和表格文件等工作。

CAPP 系统不但自动计算工序尺寸、绘制工序图、选择切削参数和对工艺设计结果进行优化、自动生成工艺规程，从而设计出一致性良好的、高质量的工艺规程。数据时代，还能利用工艺人员的经验知识和各种工艺数据进行科学的决策，也使工艺设计与 CAD、CAM 乃至 MIS 等系统的集成成为可能。

CAM（Computer Aided Manufacturing，计算机辅助制造）是 CAD/CAM 及 CIMS 的重要组成部分。从广义上讲它包括：计算机辅助生产计划、计算机辅助工艺过程设计、计算机数控编程、计算机控制加工过程设计、计算机数控编程、计算机控制加工过程等内容。

使用数控机床加工时，必须编制零件的加工程序。理想的加工程序不仅应保证加工出符合设计要求的合格零件，同时应能使数控机床功能得到合理的应用和充分的发挥，且能安全可靠和高效地工作。

目前的 CAx 系统采用了统一的数据结构和公用数据库，采用实体造型技术、参数化技术和特征造型技术，给设计人员带来了前所未有的便利。这样，经由 CAx 的帮助，实体的产品具有了完整的数据化表达。

随着计算机技术的发展，计算机逐步代替人脑承担起复杂的计算和分析工作，通过数据化实现了物品由物理空间到信息空间的转换，既方便设计，又能改善设计质量，缩短设计周期。

今天，工业企业借助 CAx 工具，实现了制造品的虚拟表达，如活塞的三维模型及各种分析，如图 5.6 所示。

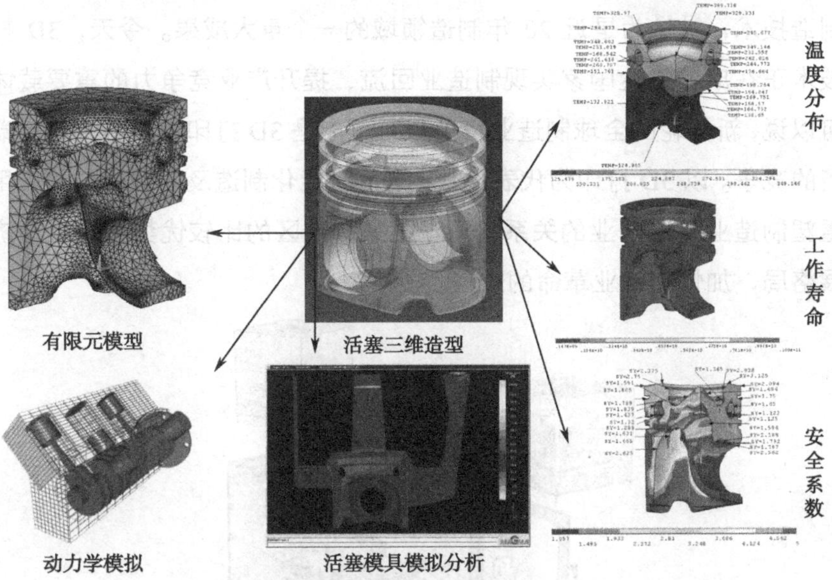

图 5.6　活塞的三维模型及各种分析（资料来源：渤海活塞）

5.5　3D 打印，数中生有

美国南卡罗来纳州（South Carolina）洛基山（Rock Hill）商业园区的一幢不高的建筑中，未来工厂的景象跃然眼前。数十台机器隆隆作响，控制室的玻璃窗后坐着两名工作人员，他们正对着计算机屏幕操控机器。有些机器的大小和汽车相仿，有些则如微波炉大小，不过每个都留有窗口供人查看。这些机器各有分工，有制作珠宝的、有制作电钻塑料把手的、有制作汽车仪表盘的、有制作精美的灯罩的，还有制作定制的义肢的，甚至有一台机器正在制作自己身上用得着的零部件。

这就是 3D 打印（见图 5.7），它是由 CAD 模型直接驱动的快速制造任意复杂形状三维物理实体的技术总称，是基于材料堆积法的一种高新制造技术，被认为是近 20 年制造领域的一个重大成果。今天，3D 打印技术正在成为发达国家实现制造业回流、提升产业竞争力的重要载体。可以说，新一轮的全球制造业竞争极有可能是 3D 打印与机器人等高端装备的竞争。以 3D 打印为代表的数字化、智能化制造及新型材料的应用将重塑制造业和服务业的关系，重塑国家和地区的比较优势，重塑经济发展格局，加快新工业革命的进程。

图 5.7　3D 打印①

5.5.1　生长的艺术

1. 增材与减材

增材制造（Additive Manufacturing，AM）技术是采用材料逐渐累加

① 第三次产业革命：经济学人“制造业与创新”专题报告. 2012 年.

的方法制造实体零件的技术，相对于传统的材料去除——切削加工技术（见图 5.9），是一种“自下而上”的制造方法，如图 5.8 所示。

图 5.8　3D 打印加工（增材制造）

图 5.9　激光切割加工（减材制造）

世间万物的自然规律都是生长，只有人类的制造是从削减开始的。早期人类的新石器、旧石器工具，不是敲打就是磨制。没想到一直到 20 世纪，车间里面还是“车铣刨磨钻”的机械操作。即使有了数控机床，也无非是计算机控制的车铣刨磨钻。

切削加工有一个明显的缺点，就是所有加工实际上都是消耗宝贵的材料。成语里的“铁杵磨成针”，现实生活里那就是太浪费了，然而这种浪费无时无刻不发生在制造企业中。在航空航天业，金属零件常由优质而昂贵的钛固体坯加工而成，但可能 90%的材料要被切削掉，而且这些碎屑对飞机的制造已毫无用处。

切削加工还有另一个明显的缺点，在加工工程中大量放热，由于器件和刀具的高速旋转，加工过程中会产生很大的热能损耗，而且高温会影响加工精度，以至于不得不另外采取降温措施。

因此，科学家们一直在寻找生长型的加工技术，期待机器和零件能够像生物体一样，从无到有生长出来。而这一切在 3D 打印发明以后变成了现实。

2. 3D打印发展简史

1979年，东京大学的中川威雄教授利用分层技术制造了金属冲裁模、成型模和注塑模。

20世纪70年代末到80年代初，美国3M公司的Alan J. Hebert（1978年）、日本的小玉秀男（1980年）、美国UVP公司的Charles W. Hull（1982年）和日本的丸谷洋二（1983年），各自独立地首次提出了快速成型的概念，即利用连续层的选区固化制作三维实体的新思想。Charles W. Hull在UVP的资助下，完成了第一个快速成型系统Stereo Lithography Apparatus（SLA），并于1986年获得专利，这是快速成型发展的一个里程碑。随后许多快速成型概念、技术及相应的成型机也相继出现。

2010年以后，欧美发达国家纷纷制定了发展和推动增材制造技术的国家战略和规划，增材制造技术已受到政府、研究机构、企业和媒体的广泛关注。2012年3月，美国白宫宣布了振兴美国制造的新举措，将投资10亿美元帮助美国制造体系的改革。其中，白宫提出实现该项计划的三大背景技术包括了增材制造，强调了通过改善增材制造材料、装备及标准，实现创新设计的小批量、低成本数字化制造。2012年8月，美国增材制造创新研究所成立，联合了宾夕法尼亚州西部、俄亥俄州东部和弗吉尼亚州西部的14所大学、40余家企业、11家非营利机构和专业协会。

英国政府自2011年开始持续增加对增材制造技术的研发经费。以前仅有拉夫堡大学一个增材制造研究中心，之后诺丁汉大学、谢菲尔德大学、埃克塞特大学和曼彻斯特大学等相继建立了增材制造研究中心。英国工程与物理科学研究委员会中心设有增材制造研究中心，参与机构包括拉夫堡大学、伯明翰大学、英国国家物理实验室、波音公司及德国EOS公司等15家知名大学、研究机构及企业。

除了英美外，其他一些发达国家也积极采取措施，以推动增材制造技术的发展。德国建立了直接制造研究中心，主要研究和推动增材制造技术在航空航天领域中结构轻量化方面的应用；法国增材制造协会致力于增材制造技术标准的研究；在政府的资助下，西班牙启动了一项发展增材制造的专项，研究内容包括增材制造共性技术、材料、技术交流及商业模式四方面内容；澳大利亚政府于 2012 年 2 月宣布支持一项航空航天领域革命性的项目“微型发动机增材制造技术”，该项目使用增材制造技术制造航空航天领域微型发动机零部件；日本政府也很重视增材制造技术的发展，通过优惠政策和大量资金鼓励产学研用紧密结合，有力促进该技术在航空航天等领域的应用。

5.5.2 3D 打印的原理

1. 层层复层层

3D 打印（3D Printing）是一种以数字模型文件为基础，运用粉末状金属或塑料等可黏合材料，通过逐层打印的方式来构造物体的技术。3D 打印是将计算机辅助设计（CAD）、计算机辅助制造（CAM）、计算机数控技术（CNC）、材料学和激光技术结合起来的综合性造型技术。可以自动、直接、快速、精确地将设计思想转变为具有一定功能的原型或直接制造零件，从而为零件原型制作、新设计思想的校验等方面提供了一种高效、低成本的实现手段。

3D 打印的原理如图 5.10 所示，其基本过程是：首先设计出所需零件的计算机三维模型（数字模型、CAD 模型），然后根据工艺要求，按照一定的规律将该模型离散为一系列有序的单元，通常在 Z 向将其按一定厚度进行离散（习惯上称为分层），把原来的三维 CAD 模型变成一系列的层片；再根据每个层片的轮廓信息输入加工参数，自动生成数控代码；最后由成型系统成型一系列层片并自动将它们连接起来，得到一个三维物理实体，如图 5.11 所示。

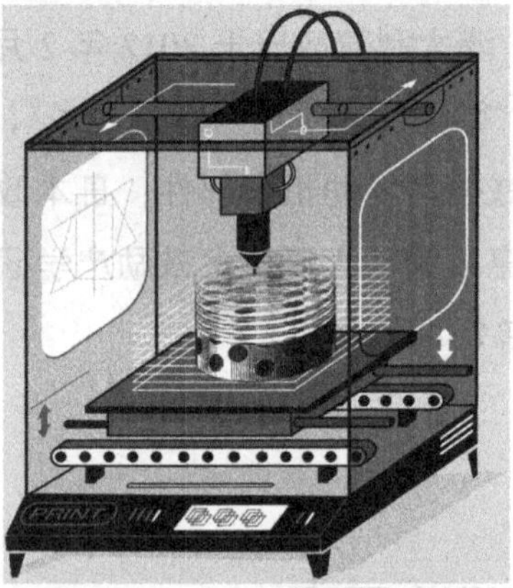

图 5.10　3D 打印的原理[①]

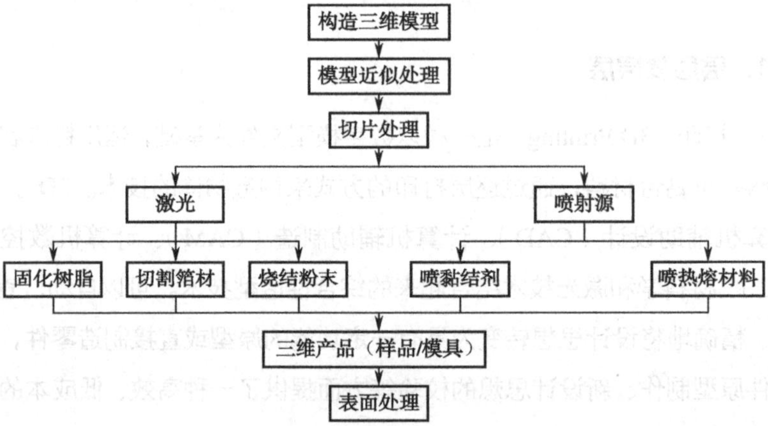

图 5.11　3D 打印的成型过程

① 第三次工业革命：经济学人“制造业与创新”专题报告，2012 年.

3D打印时，软件通过计算机辅助设计技术（CAD）完成一系列数字切片，并将这些切片的信息传送到3D打印机上，后者会将连续的薄型层面堆叠起来，直到一个固态物体成型。3D打印机与传统打印机的最大区别在于它使用的“墨水”是实实在在的原材料。

2. 堆叠形式多种多样

“喷墨”：使用打印机喷头将一层极薄的液态塑料物质喷涂在铸模托盘上，然后此涂层置于紫外线下处理。之后铸模托盘下降极小的距离，以供下一层堆叠上来。

“熔积成型”：在喷头内熔化塑料，然后通过沉积塑料纤维的方式形成薄层。使用粉末微粒作为打印介质。粉末微粒被喷撒在铸模托盘上，形成一层极薄的粉末层，然后由喷出的液态黏合剂进行固化。

“激光烧结”：利用激光熔铸成指定形状，或者利用真空中的电子流熔化粉末微粒。

当遇到包含孔洞及悬臂这样的复杂结构时，介质中就需要加入凝胶剂或其他物质以提供支撑或用来占据空间。这部分粉末不会被熔铸，最后只需用水或气流冲洗掉便可形成孔隙。

如今可用于打印的介质种类多样，从种类繁多的塑料到金属、陶瓷及橡胶类物质。有些打印机还能结合不同的介质，令打印出来的物体一头坚硬而另一头柔软。

5.5.3 从数据到实体的过程

1. 用 CAD 软件进行三维造型

（1）三维造型包括实体造型和曲面造型。利用各种三维 CAD 软件进行几何造型，得到零件的三维 CAD 数学模型，然后转换为 3D 打印机分层软件可识别的格式文件，这是快速成型制造技术的重要组成部分，是获得初始信息的最常用方法，也是制造过程的第一步。

（2）目前较著名的 CAD 软件系统主要有：AutoCAD、I-DEAS、Unigraphics（UG）、SolidWorks、CATIA、CADKey、Pro/Engineer、3dmax 等，其三维造型方式主要有实体造型和曲面造型，三维数据格式主要有 IGES、DXF、VDA-FS、Uni-versallFiles 等。

目前许多 CAD 软件在系统中加入一些专用模块，将三维造型结果进行离散化，生成面片模型文件（STL 文件、CFL 文件等）或层片模型文件（LEAF 文件、CLI 文件、HPGL 文件等）。

2. CAD 软件输出 STL 文件

（1）STL 文件的起源

美国 3D Systems 公司于 1987 年制定了 STL（STereoLithography）文件格式，它以小三角面片为基本单位，离散地近似描述三维实体模型的表面。STL 文件最初应用于 3D 打印机（Rapid Prototyping，RP）领域，并迅速成为 3D 打印机领域事实上的工业标准。

STL 下载网站为 http://www.thingiverse.com/。

（2）其他 CAD 软件输出 STL 文件的方法如表 5.1 所示。

表 5.1　输出 STL 文件的方法

Alibre	File（文件）→Export（输出）→Save As（另存为，选择.STL）→输入文件名→Save（保存）
AutoCAD	输出模型必须为三维实体，且 *X*、*Y*、*Z* 坐标都为正值。在命令行输入命令“Faceters”→设定 FACETRES 为 1 ~ 10 之间的一个值（1 为低精度，10 为高精度）→在命令行输入命令“STLOUT”→选择实体→选择“Y”，输出二进制文件→选择文件名
CADKey	从 Export（输出）中选择 Stereolithography（立体光刻）
I-DEAS	File（文件）→Export（输出）→Rapid Prototype File（快速成型文件）→选择输出的模型→Select Prototype Device（选择原型设备）→SLA500.dat→设定 absolute facet deviation（面片精度）为 0.000395→选择 Binary（二进制）
Inventor	Save Copy As（另存复件为）→选择 STL 类型→选择 Options（选项），设定为 High（高）
SolidEdge	1. File（文件）→Save As（另存为）→选择文件类型为 STL。 2. Options（选项）。 设定 Conversion Tolerance（转换误差）为 0.001in 或 0.0254mm； 设定 Surface Plane Angle（平面角度）为 45.00
SolidWorks	1. File（文件）→Save As（另存为）→选择文件类型为 STL。 2. Options（选项）→Resolution（品质）→Fine（良好）→OK（确定）
Think3	File（文件）→Save As（另存为）→选择文件类型为 STL
Unigraphics	1. File（文件）→Export（输出）→Rapid Prototyping（快速原型）→设定类型为 Binary（二进制）。 2. 设定 Triangle Tolerance（三角误差）为 0.0025； 设定 Adjacency Tolerance（邻接误差）为 0.12； 设定 Auto Normal Gen（自动法向生成）为 On（开启）； 设定 Normal Display（法向显示）为 Off（关闭）； 设定 Triangle Display（三角显示）为 On（开启）

3. 3D 打印分层

3D 打印机执行的是一堆指令，这一堆指令都来源于一个指令集，即 G-M 指令集。分层软件就是把 3D 模型根据层厚设置按照 *Z* 轴方向分层，并得到 G 代码，供设备使用。

Slic3r 和 Skeinforge 是根据模型生成 3D 打印分层轨迹的算法引擎，是影响 3D 打印效果好坏的主要因素，目前开源打印机软件主要使用这两种算法。Slic3r 比 Skeinforge 算法生成的速度快，它还采用多线程并行计算。而 Skeinforge 适合用户调节参数，可玩性好。

基本上 3D 打印机都自带了控制软件，已经有很多国外的免费或开源的分层软件可以直接使用。开源 3D 打印分层软件——ReplicatorG 的使用流程如图 5.12 所示。

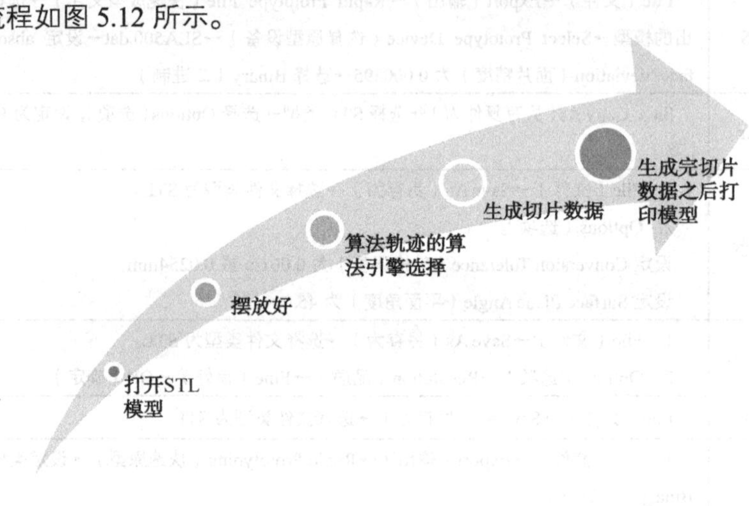

图 5.12　开源 3D 打印分层软件——ReplicatorG 的使用流程

5.5.4　3D 打印改变未来

1. 改变制造模式

没有计算机及软件所承载的信息就没有 3D 打印自身。3D 打印本身就是信息技术的天然凝聚者。因此，从诞生那一刻起，它就是新工业革命的物质基础之一。而在新工业革命中，它必将发挥着强力支撑的顶梁柱作用。

以前的工业设计完成后需要制作模型来验证产品的设计，或手工制作，或制作各种简单乃至复杂的模具来得到产品样板。而应用 3D 打印后，只须将 3D 设计转换成通用规范的格式文件，就可以直接打印产品样板，而不用再耗时耗工制作模具或手工制作样板，大大提高了生产效率，改变了制造模式。

网络化的业务时代，是 3D 打印一个重要的发展新阶段。例如德国斯图加特公司，把单台激光打印机与多台焊接机器人组成了一个叫“Laser Net work”的网络，可以在定制化的基础上实现大规模生产。但前提是 3D 打印机要集成到网络中去，与其他设备相互协同配合，而不能以一个自动化孤岛的方式存在。这实际上与工业 4.0 的某些特征吻合了。

2. 引领创意无限

“为什么我们一直使用电路板，因为二维的东西最容易设计，我们现处的电子世界就是从二维的电路板慢慢发展起来的。”

“既然掌握了三维手段，我们为何不能在制造时直接从 3D 开始？”

亚利桑那大学辛皓教授相信：“3D 打印与超材料是完美搭配。”他举例说，如在人骨中添加一块通信材料，以便让人体与设备保持关联；又或者让飞机翅膀本身成为一根天线，有 3D 打印的帮助，这些“异想”并不遥远。

强大的计算机软件生成极其复杂的设计，而只有 3D 打印才能将其转变成实物。3D 打印出的物品常呈现出有机且天然的外观。“大自然创造出了一些非常高效的设计，而模仿自然很多时候是个好主意。”比利时 Materialise 公司使用加法工艺生产包括医疗设备在内的一系列产品。例如，在金属植入体中注入健康的、晶格状的天然骨骼内部结构，生产出的产品比机加工品更轻便，强度却不会有任何降低；且更易与病人自身的骨骼接合；而且能按患者的预期设计出精确吻合的产品。3D 打印的未来房子如图 5.13 所示，可以发挥设计师的灵感，充分展现艺术气息与自然和谐。

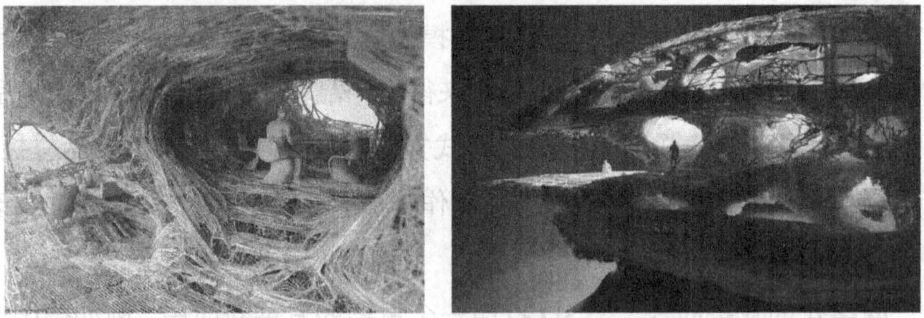

（a）　（b）

图 5.13　3D 打印的未来房子

美国国家航空航天局（NASA）的空间增材制造计划明确提出了“for space”（为空间）和“in space”（在空间）应用两部分。其中“in space”应用路线图包含地面微重力环境模拟（含飞机抛物飞行）、空间站应用和地外表面（月球、火星和小行星表面）应用诸方面。地面模拟始于 2012 年，2014 年 9 月已将 3D 打印机送上空间站进行应用研究和测试，2015—2018 年详细研究各种可能在空间发展的 3D 打印技术和可能的应用方向，2020—2025 年重点研究月球表面 3D 打印技术，2030—2040 年发展火星表面 3D 打印技术。

空间站使用 3D 打印技术制造替换零件（NASA）如图 5.14 所示。

图 5.14　空间站使用 3D 打印技术制造替换零件（NASA）

3. 数据化生产的解决方案

在数据的驱动下，3D 打印技术缩短了从创意设计、概念设计、原型产品到最终产品的时间。

全球 3D 打印与增材制造业最权威的《2015 沃勒斯报告》中的一项分析表明："在航空和医疗市场的一些高要求的生产应用中，工业金属增材制造系统的使用也增长得非常迅猛。"《沃勒斯报告》显示，增材制造服务和产品的市场规模在 2014 年增至 41 亿美元。在未来几年，这种增长趋势预计还将持续下去。

Stratasys Direct Manufacturing 公司（简称 SDM）是全球 3D 打印制造企业 Stratasys 旗下的服务部门，专门为那些可能需要 3D 打印的原型产品或零部件，但又缺乏专业 3D 打印设备和技术人员的制造公司提供先进的制造和原型制作服务。这份未将 SDM 注明为赞助方的报告针对 700 名设计师、工程师和企业高管进行了调查，其中近半数受访者来自年收入 5000 万美元以上的制造企业。这些受访者来自航空、医疗、汽车和能源行业，他们的公司要么已经采用了先进的制造工艺，要么打算在三年内引进 3D 打印或直接金属激光烧结设备。

SDM 公司的 CEO 乔·埃里森在《3D 打印即将给制造业带来的影响》一书中写道："今天，3D 打印仍被看作一个技术解决方案，但未来的 3D 打印将是一个商业解决方案。" SDM 声称增材打印技术将成为一个商业解决方案。这究竟有何含义？埃里森在该报告中写道，"未来三年，3D 打印技术将进入'终端生产'环节。"

3D 打印技术将进入终端零件，特别是金属材料的生产环节。为了迎接这种变迁，很多企业正在构建自己的 3D 打印技术力量，培训新员工，购买更多的 3D 打印机。SDM 的报告显示，在 700 名受访者中，有 73% 的受访者表示，他们的企业打算增加 3D 打印零部件的内部生产，这种趋势在航空和医疗行业更为明显。不过巴特尔也表示，随着企业越来越多地使用增材制造技术生产终端产品，很多没有足够财力资源购买设备和培训人员的企业将把这一环节外包出去。SDM 的报告显示，更多的企业计划在短期内将金属材料的增材制造工艺环节进行外包。

人们按照实体产品的样子构造了虚拟的 3D 模型，进行分析、转换，融入加工与管理过程，又通过 3D 打印还原为实体。贯穿这一环节的是数据，“实—虚—实”的过程看似又回到起点，但所有智慧与创造过程全然是在中间的数据环节体现的。

第6章

数据贯穿生产

6.1 从大规模定制到个性化定制

传统时代，“定制”意味着成本，“私人定制”往往会和昂贵、高端、奢侈品联系在一起。所以长久以来，大规模生产一直是制造业的主流模式，其基本运作形态是：大规模生产+大众营销+大品牌+大零售。大规模生产方式的典型是美国的福特制（Fordism）。福特汽车公司创立于 1903 年，当时的年产量为 1700 多辆。福特通过建立汽车业的第一条生产线，大大降低了生产成本。从 1908 年开始，福特着手在 T 型汽车上实行单一品种大量生产，到 1915 年建成了第一条生产流水线，实现了一分钟生产一辆汽车的愿望，到 1916 年，T 型汽车的累计产量达到 58 万辆。随着产量的增加，汽车的成本也大幅下降，从 1909 年的 950 美元降到了 1916 年的 360 美元，11 年后，也就是 1927 年，T 型车的累计产量突破了 150 万辆，市场占有率达到 50%，实现了很多美国家庭的汽车梦想。T 型汽虽然车款式单一，颜色也比较少，却占据了很大的市场份额，取得了极大的成功。

随着互联网应用的日趋成熟，企业能通过网络直接面对客户，了解客户并反馈客户需求，为个性化定制需求获取提供了条件；而数据时代，可以实现数据定义的产品，数据驱动的生产，从而将个性化定制与大规模生产的优势完美地结合在一起。

耐克有一个 NIKEiD 定制平台，用户可以选择不同的鞋款，同时可以根据自己的喜好定制包括鞋带、鞋面、鞋扣、中底涂层、挡泥罩、气垫等，甚至可以在鞋跟设计个性签名（见图 6.1）。

图 6.1　耐克定制鞋款

而国内海尔集团推出的众创汇平台（见图 6.2）就是基于互联战略的有益探索，作为业内首个用户交互定制平台，它为家电行业的个性化定制发展开创了新模式。众创汇平台可以让用户通过模块定制、众创定制、专属定制三种方式参与整个定制过程，并与设计师、工程师、产品等零距离交互。让用户从原先只参与产品购买环节转变为新品研发制造的“指挥官”，彻底颠覆了消费者对制造业约定俗成的大众印象。

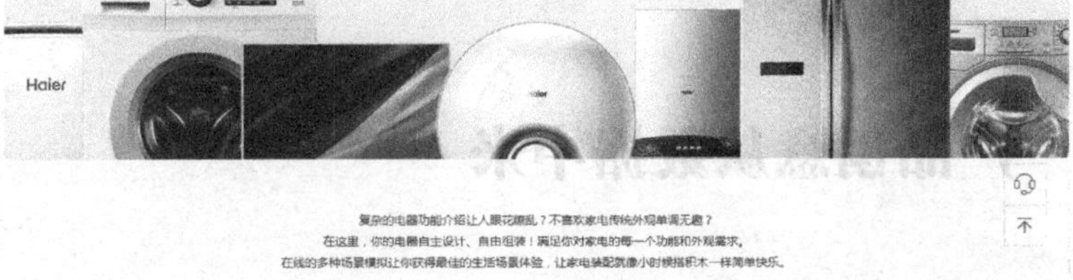

图 6.2　海尔定制众创汇平台（diy.haier.com）

正在众创汇平台上推出的 Codo（咕咚）洗衣机（见图 6.3）就是一个典型案例。通过开放性平台交互创客、吸纳用户建议，并快速转化为落地产品。目前，集用户、创客等意见被命名“大圣款”的定制版 Codo 洗衣机已经生产，小巧的外观、精妙绝伦的大圣图案，“大圣款”Codo 看上去也是一份新年大礼。据悉，“全球最小号”Codo 洗衣机以颠覆式外形、便捷式设计、高效化功能成为业内的吸睛产品。其采用挤压式清洗模式，敲打头以每分钟 700 次的震荡对污渍进行挤压，起到快速去渍的作用。

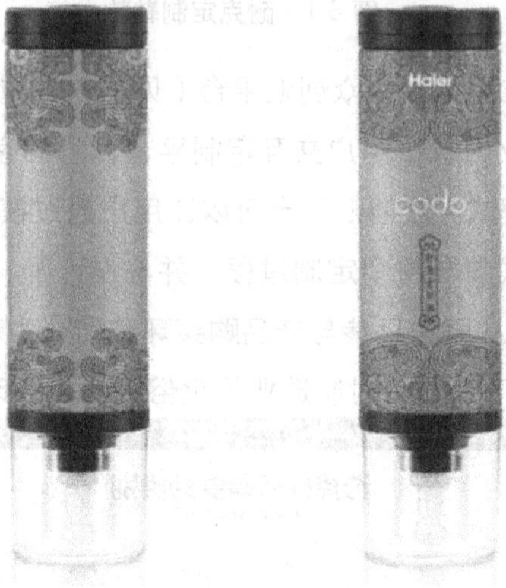

图 6.3　海尔众创的“大圣款”定制版 Codo 洗衣机

6.2　产品创意从数据中来

个性十足的产品正在充分利用来自用户的数据完善设计。在产品创新方面，大数据将发挥以下三方面的作用[①]。

1. 提高新产品开发的精准性

产品开发是高风险的事，进入市场的一大批新产品惨遭挫败就是证明。许多公司在利用大数据精确定位客户需求，推出量身定制的新产品，以期提高成功概率。大数据和产品开发“最易见效”的方面就是客户情绪分析：公司密切关注社交媒体帖子、Twitter 消息及其他在线信息，了解人们的所思所想。分析用户对产品的情绪成为互联网世界产品概念设计和概念测试的必备环节，以便在各种问题和想法完全被意识到之前及时发现它们。公司可以挖掘分析大量信息，以改善下一代产品和服务。社会和经济活动的不断网络化，数据收集、传输、存储和分析成本的下降，共同导致了一个有助于培育新产业、工业和产品的大数据时代的出现。由数据驱动的社会经济模式开始显现，数据已成为创造竞争优势和驱动创新、可持续发展的核心资产。

2. 为旧产品赋予新含义

大多数公司认为，如果结合来自客户关系管理（CRM）或企业关系管理（ERM）系统等传统数据源的客户数据，通过在线监听收集而来的非结构化数据就能派上最大的用场。以一家其主打产品销量出现下降的公司为例。该公司利用客户情绪分析工具查看自己的 Twitter 消息和 Facebook 页面，发现客户特别提到一款新的竞争产品已添加了功能。于是，这家公司分析了 CRM 记录，结果发现同一个问题（缺少功能）是退货的主要原因。它立刻给自己的产品添加了相应的功能，销量也随之

① 许伟. 大数据驱动产品创新. http://www.whuiqds.com/info/1181/11173.htm.

回升。

许多公司有大量的内部数据（现在基本上没有利用起来）可用来指导创新。呼叫中心可以说是洞察客户的基础，是个重要的大数据资源。许多公司的呼叫中心经常会录下所有的客户对话，然后通过技术手段把那些对话自动转录为文字，从中搜寻可能表明需要推出新产品或改进旧产品的常见词，从而满足未得到满足的客户需求。

基于位置的服务是为旧产品赋予新含义的另一种方式。以汽车保险为例。以前，保险费率是固定的，取决于车主说车子每年要保多少里程。但 GPS 技术可以提供准确信息，了解车主开往何处，这样保险公司就能提供不同的产品，或者为旧产品确定更合理的价格。每家公司都需要一个“信息化”战略，通过积聚更多的数据和信息，提高现有产品和服务的价值。不管是什么产品，都可以想方设法让它实现数据化。

3. 将大数据应用到产品生命周期

不过，将大数据应用到产品创新可不是查看 Twitter 消息这么简单。首先，公司必须把注意力放在合适的数据上。许多人没有认识到，大数据的关键不是使用海量数据，而是深入分析数据流，解读这些海量数据，从中推断出正确的结论。公司扩大大数据的应用范围时常常要重新考虑产品开发的基本方法，通过跨部门协同和众包等方法，高度重视来自组织外互联网的开发式创新资源，实现新产品开发快速迭代进行。

如果着眼于产品生命周期来考虑，就能改变一开始设计产品的方式，从而提高产品在将来的有用性。例如，客户服务部和市场营销部可能都会发现，如果彼此的数据结合起来，就能让公司深入了解推出何种新产品和新服务可能比较明智的信息。不过，不同的部门可能有互不兼容的度量标准，所以它们不知道如何轻松地汇集各自拥有的知识。除此之外，将大数据应用到产品创新还需要内部协调能达到较高的水平。

2015 年 2 月 23 日，美国密尔沃基的哈雷·戴维森在全球启动 2015 年 LiveWire 项目[①]体验活动，全球骑手都有机会参与体验。

哈雷·戴维森邀请了亚洲、欧洲、加拿大及美国的客户参加体验活动，收集骑手们的试驾感受，旨在推出一款真正能满足客户全方位需求的电动摩托车（见图 6.4）。

图 6.4　哈雷·戴维森新款摩托车的设计[②]

LiveWire 这款摩托车是专为收集骑手们的试驾感受所设计的，它了解骑手们对于首款哈雷·戴维森摩托车的全方位需求和期待。LiveWire 项目体验活动邀请众多潜在客户参与体验，使消费者更进一步地了解哈雷·戴维森品牌，收集他们真实的体验感受。对于不会驾驶摩托车的客户，他们可以通过 Jumpstart™ 装置感受 LiveWire 项目的引擎动力，同样将得到非凡的试驾体验。

① http://projectlivewire.harley-davidson.com/.

② http://www.harley-davidson.com/.

这已经不是哈雷·戴维森第一次举办这样的活动了。2014 年，哈雷·戴维森在美国举行了 LiveWire 项目体验活动，一路骑行途经 30 个拥有哈雷·戴维森经销店的城市，并在迈阿密举办了一场专门针对拉丁美洲客户的体验活动。总共收集了超过 15 000 位客户的体验感受，其中有超过 6800 位客户参与了 Jumpstart 装置体验。哈雷·戴维森将根据在 LiveWire 项目体验活动中所收集到的客户反馈，制定针对这款摩托车零售可行性的长期规划。

这项活动体现了以客户需求为导向的设计原则，电动车技术的发展日新月异，哈雷正是希望从 LiveWire 项目体验活动中尽可能地收集来自客户的数据，从而明确这款新车型正确的设计方向。

6.3 数据定义产品

个性化定制所说的个性有两个含义：一个是商品的个性；另一个是顾客的个性。例如，具有个性化的商品会在芸芸众品中让人眼前一亮，得到顾客的青睐，那就再自然不过了；而明星出席晚会时最讨厌的撞衫状况，其实就是不能彰显个人的个性品位的缘故。个性抽取就是要把这些指标找出来，最好是能够数据化、量化地表达。

（1）商品的个性化指标

商品有多种属性可以标识自己是什么，是排他性的。

（2）顾客的个性化指标

用户是推荐系统的主体，自身属性包括人口统计学信息及从用户行为数据中挖掘分析得到的偏好等。

此外，顾客行为指标可能更加奇妙，它通过搜集顾客的行为数据，挖掘顾客生成的个性需求，洞悉用户潜在的消费心理，是数据时代的营销利器。

（3）顾客行为指标

用户的每一次行为操作无不反映用户内心的本质需求，包括页面浏览、单击、收藏、购物、搜索、打分、评论等，这些数据是个性化推荐系统中最重要的数据。

6.3.1 个性抽取

个性化的获取与平衡是实现规模化定制的基础。传统的实现方法有以下几种。

第一种是通过成熟的模块组合快速形成个性化，而这些个性化方案可以满足一个群体的需求，基于此实现了一定的规模化。这样的定制方式在一些汽车官网及天猫等电子商务网站上已经有一定程度的实现。但是采用这种方式，用户能够左右定制的余地并不大，厂家的逻辑也是在短时间内收集一定数量的某大类需求并快速进行生产满足，这对供应链要求较高。这种模式被称为“模块化定制”。

第二种则是让潜在用户参与到产品的设计之中。小米等互联网公司将这个做成了粉丝经济，让粉丝通过互联网更加充分地参与到对未来产品功能的讨论、投票中来，然后快速迭代进行满足。本质上，这只不过将需求调研的用户样本扩大了。海尔还曾在天猫组织过一次投票活动，让用户对一款冰箱的某些可选功能进行投票表决。这种模式可以被称为“群体调研定制”。

第三种是先收集需求再生产的预售模式。这时候厂商实现收集的不是用户的个性化需求，厂家只关心用户有没有这样的需求，有就先下单交钱。这样做既可以提前一步得到货款，又可以最大化降低库存，甚至还可以通过控制预售规模做饥饿营销。小米对此模式游刃有余，现在智能硬件行业十分青睐此模式，众筹网站被很多智能硬件作为预售网站。当然，团购其实也是这样的模式，先组织大规模订单，商家为此进行备货、生产或服务准备。

基于大数据可以更方便地实现用户个性的获取，可以总结为“大数据定制”。电子商务平台、社交网络已经积累了大量的用户行为数据，如搜索浏览记录、在商品页面的驻留时间、访问过的商品对比、历史购物车、下单情况、评价数据等都被全程记录，同时用户的个人资料（如性别、地域、年龄、职业、消费水平、偏好、星座等）也可以同步获取。这样，就可以采用大数据挖掘的技术手段对这些数据进行交叉分析、定点分析、抽样分析、群体分析，从而获取有价值的信息。

例如，基于天猫数据分析的结果，可能会发现用户之所以不喜欢卧式吸尘器的垃圾倾倒设计是因为需要弯腰；也可能发现广东用户更需要吹风机是因为广东天气湿热；还可能发现挂烫机销量不佳的原因是使用频率不够。这些结果很自然地可以帮助小家电制造商进行特别的功能设计。除了指导产品功能设计外，天猫还可以通过对地域和时间分析来指导生产线不同季节的产量和不同地域的库存。

但是要做到大数据定制必须具备几个条件：一是要有海量的数据，二是这些数据能够挖掘出对生产商家有指导价值的结果，三是具备挖掘这样的数据的技术能力，四是有能力整合生产、流通和销售这些关键环节。

伴随着大数据应用的讨论、创新，个性化技术成为一个重要落地点。大数据使得企业能够通过互联网便利地获取用户更为广泛的反馈信息，为进一步精准、快速地分析用户行为习惯、消费习惯等重要商业信息，提供了足够的数据基础。伴随着对人的了解逐步深入，一个概念悄然而生：用户画像（UserProfile），即用户信息标签化，利用互联网搜集与用户相关的“一切”信息，抽取其中的关键词，用简洁的标签作为用户特征。它可以完美地抽象出一个用户的信息全貌，作为企业应用大数据的根基，然后应用于各类数据挖掘、个性化搜索推荐等工作中。

用户数据可分为静态信息数据和动态信息数据两类，静态信息数据是用户相对稳定的信息，如人口属性等，这类信息如果企业有真实数据则只需通过数据清洗便可获得。动态信息数据是用户不断变化的行为信息，如浏览指定商品、在社交平台上的评论信息等。用户画像的目标是通过分析用户行为，最终为每个用户打上标签，以及该标签的权重，如 SUV 0.8、红色 0.6。其中，标签表征了内容，用户对该内容有兴趣、偏好、需求等，权重表征了指数，如用户的兴趣、偏好指数，也可能表征用户的需求度，可以简单地理解为可信度、概率。根据用户在互联网上发生某一行为的时间和网址为用户信息建立数学模型。

6.3.2　定制品识别

识别产品是实现个性化定制的重要基础，只有识别出产品、提供出准确的信息、传递给上面的控制系统，控制系统才能有效地执行生产。这就要求个性化定制的产品具有良好的可识别性。例如在定制西装生产过程中，从裁剪好的布料开始，就需要对产品进行唯一识别。

为了提高计算机识别的效率，增强其灵活性和准确性，使人们摆脱繁杂的统计识别工作，传统的条码、二维码、RFID 无线射频识别技术先后问世。虽然它们各有千秋，但无论是哪一项技术都是为了及时获取物品的各种信息并且进行快速、准确的处理，都可以作为物品标签发挥作用，使物体信息得以整合管理。从全球范围来看，二维码和 RFID 是应用最为广泛的标签技术，未来几乎所有的物品都将拥有一个条码、二维码或 RFID 标签。下面简单介绍一下这三种技术。

1．条形码

条形码（简称条码）技术是集条码理论、光电技术、计算机技术、通信技术、条码印制技术于一体的一种自动识别技术。条形码由宽度不同、反射率不同的条（黑色）和空（白色），按照一定的编码规则编制而成，用于表达一组数字或字母符号信息的图形标识符。条形码符号也可印成其他颜色，但两种颜色对光必须有不同的反射率，保证有足够的对比度。条码技术具有速度快、准确率高、可靠性强、寿命长、成本低廉等特点，因而广泛应用于商品流通、工业生产、图书管理、仓储标证管理、信息服务等领域。

2．二维码

二维码是用某种特定的几何图形按一定规律在平面（二维方向）上分布的黑白相间的图形记录数据符号信息。在代码编制上巧妙地利用了构成计算机内部逻辑基础的“0”、“1”比特流的概念，使用若干个与二进制相对应的几何形体来表示文字数值信息，通过图像输入设备或光电扫描设备自动识读以实现信息自动处理。因其载体数据容量大、体积小的特征，非常适合在制造领域应用。通过标识在产品上的二维码标识，可实现产品加工过程中的个性化识别及时间、质量等采集监控。二维码凭借其技术更为成熟、存储信息量大、保密性高及低成本的优势，直接影响了当前制造业管理者的决策方式，在今后的一段时间内仍将是制造业领域的主导应用技术。

3. RFID

制造业领域发展至今，企业应用更为普遍的识别技术是 RFID，在原材料上面安装 RFID 芯片、电子标签，包括原材料的信息等，使得原材料拥有了身份，可以支配其他设备到什么时段完成何种生产步骤；将不同型号的产品进行编码，并写入 RFID 电子标签内，当不同型号的产品进入加工点时，读写设备通过读取 RFID 有源电子标签内的信息，从而使加工设备确认加工哪种型号的产品；将生产信息写入到 RFID 里便可做一个追溯源，出现质量问题时也可以对其进行追诉。

与条形码、二维码或磁条等其他 ID 技术相比而言，RFID 技术的优势在于阅读器和收发器之间的无线链接：读/写单元不需要与收发器之间的可视接触，因此可以完全集成到产品里面。这意味着收发器适应于恶劣的环境，收发器对潮湿、肮脏和机械影响不敏感。目前，RFID 已在生产自动化和供应链透明化等应用方面得到广泛认可。

6.3.3 融个性产品于大生产

个性化定制（C2M，Customer-to-Manufactory）是一种继 B2B、B2C 等电子商务模式后的创新生产组织模式。但个性化定制如果不能实现成本控制，同样不能在市场竞争中生存，这就要求融个性产品于大生产。

在需求端，C2M 模式下用户可以在社交购物平台建立自己的社交关系网络，使得规模巨大但同时相互之间割裂的、零散的消费需求整合在一起，以整体、规律、可操作的形式将需求提供给供应商，从而将“零售”转化为“集采”，能够大幅提高工厂的生产效率，加快资产、资金周转，价格因而又有了巨大的下调空间。

在设计阶段也需要提供对个性化和定制化的支持，如利用 Siemens PLM Software 提供行业解决方案，原来需要先完成 70%的标准产品设计，到了现场之后，再完成剩余的 30%定制；现在可完成 70%的标准产品设计，再加 20%的行业解决方案的功能，这样一来，用户只需要花 10%的投入进行定制化即可。

在供应链端，以“云采购”模式将参与“集采”的消费者需求信息整合起来，批量化地迅速传递到工厂，使其“以需定产、量体裁衣”。这就展示了未来商业的曙光——通过满足个性化需求来使用户得到更满意的产品，进而缩短设计、生产、运输、销售的周期来提升商业运转效率。

在制造阶段，个性化源于生产智能化，前提是广泛的链接和数据。在定制品识别基础上，生产设备先需要智能化，设备能够感知生产的定制品，能够自我监测健康状态，并通过无线射频等方式回传数据。

最后，整个大生产通过数据融为一体，每一件产品都是个性化的，但仍然可以组织为大规模的生产，因为定制品可以被识别，定制品的个性可以被获取，整个制造过程在数据控制下有条不紊地进行。

6.4 数据驱动生产

6.4.1 数据化“统一生产模型”

企业通过数据连接实物资产，促进数据在产业链上的无缝流动，连接产品生命周期的每个阶段，从设计、采购、测试、生产到配送、销售点和使用，形成“数据一线穿”的生产模式。

Rockwell Automation 集成架构的 FactoryTalk VantagePoint 解决方案就能够帮助人们了解：如何解决由生产报表引起的滞后问题。从而实现高效智能的制造①。

首先，企业制造智能平台 FactoryTalk VantagePoint 采用统一生产模型（UPM），可以将工厂、设备和其他资源与其实时数据、历史数据和关系型数据库中的数据一起按照逻辑方式进行表示。UPM 通过将大量数据源的相关数据进行关联来提供背景信息，用户无须关注这些数据的实际位置。然后，这些信息可以填入到基于 Web 的趋势图、报表和仪表盘中，并通过 FactoryTalk VantagePoint 门户在整个机构内共享，以便企业内各层级的用户都能更好地实时管理各自的业务。

所有数据源都被整合到“统一生产模型”中，于是在多个系统、供

① 朱旭，乔灿，张曼利. Blue Paper of New Manufacturing Wave（2013）. 新制造业蓝皮书. Control Engineering China & Plant Engineering China，2013.

应商和数据类型之间架起了一道道桥梁。任何人在任何位置都可以使用真实的名称获取模型中的数据，无须使用标签名称。在机构内部，这些数据能够转换为与用户角色和责任相关的信息。

例如，机器操作人员可以查看机器级信息，如仪表盘上的全局设备效率表、时间、故障与零件分析、按小时计算的全局设备效率，而且可做到有的放矢，包括事件明细表等。工厂经理可以查看工厂级的数据，如生产白板，取代了需要人工整理并且通常需要手动更新的生产统计报表。运营主管可以查看企业级报表，如各工厂之间生产与财务状况的实时比较。每个人都可以获得及时制定决策所需的信息。

首先，FactoryTalk VantagePoint 让用户能够更简单地应对数据源的变化。在现有运营中加入新的组件和系统时，只需连接新的数据源并重新同步模型即可。使用者不需要更改报表本身，因此可以更加轻松顺利地完成设备与系统的改造。

其次，FactoryTalk VantagePoint 可通过企业控制系统与历史归档服务器 Historian 获得全面的实时和历史数据连接，通过在多个系统与平台之间实现数据的自动对应，与过去的数据采集方式相比，大幅降低成本。

FactoryTalk VantagePoint 还可连接各种商业数据库，使用 Web 浏览器便可查看分析发布的报表、仪表盘和实时 KPI 等。企业基于此信息汇聚平台，以方便的模板快捷地制作趋势分析与制表绘图，并在平台上发布。系统提供 246 个计算好的标签范例，提供各种范例表达式，很容易让使用者建立设备模型的层级结构。

对应用程序创建总览画面，工程师无须建立报表或仪表盘。报表与其基础数据来源完全透明，用户只需要知道一个数据值的 Live Data 标签。用户使用分布式历史解决方案时可交互关联。当标签处于多个历史数据库中时，该系统可以找出供报表/趋势线使用的最佳信息源。

另外，FactoryTalk VantagePoint 与 SharePoint 的集成使企业能够获取车间数据并具有商业智能和分析工具等在实时生产操作中并不常见的功能。

可以看到，传统生产模式的现状是生产数据高度分散，彼此隔离。狭义地讲，制造智能可将公司分散在多处的生产数据集中到一起并进行报告、分析和可视化，其主要目标是将数据转化为真正的知识（信息），并在此基础上提升经营业绩。

千人千面的个性化服务可以作用在各行各业，但是能充分利用数据价值的依旧是与网络数字相关的产业和产品。其中最大的优势就是，企业可以通过技术支持实时获得用户的在线记录，并及时为他们提供定制化服务。2013 年 7 月中旬，爱奇艺 PC 客户端全面改版，新版最大的特点就是依靠数据分析，在首页中为用户提供了全面的个性化视频内容推荐。也就是说，不同用户的 PC 客户端将显示不同的首页内容，而且都是其感兴趣的。

但要做到真正的个性化并非易事。收集并处理某一领域内的消费者的个体行为数据只是开始，还需要打通消费者在多个领域（如购物、资讯、交友、娱乐等）内的数据，将这些数据整合起来才能构建消费者全面的兴趣图谱。我们需要利用群体智慧为单一消费者提供个性化的解决方案；我们还需要跟踪并迅速学习消费者偏好的变化，并实时地满足他们的个性化需求；我们更需要准确地预测出消费者的新需求，并在连他们自己都不知道或不能清楚地表述出某个需求的时候，向他们推荐他们可能想要的商品或服务[①]。

① 沈禄政. 个性化驱动商业未来. http://bbs.paidai.com/topic/380199, 2015.

6.4.2 数据驱动定制生产

在车间里实现柔性化生产，互联网诞生之前已经出现了。60 年前，大野耐一创立的“丰田式生产方式”（TPS，美国人总结为精益生产）已经极大地突破了柔性化生产问题。精益生产不仅仅是通过消除浪费来提高效率，更重要的是通过快速换模（SMED）、单件流（one piece flow）等生产方式的创新实现了柔性化生产。大野先生认为，生产市场不需要的产品、过多地生产都是最大的浪费。这在本质上已经包含了产销和谐、产销匹配的深意。到 20 世纪 90 年代，佳能的细胞生产（Cell）又将柔性化生产推进了一大步。以大量运用多能工的细胞式生产，不仅实现了多品种生产组装的快速切换，而且激发了工人的创新能力。

同时期，以戴尔大规模定制为代表的生产革新代表了另外一种柔性化生产思路，即对产品按照其功能进行划分，进行模块化设计，建立产品族和零部件族，内部实现零部件的标准化、通用化。这一模式成就了戴尔的辉煌，并作为一种商业思想广泛传播。国内工业 3.0 的标杆企业尚品宅配、索菲亚、青岛红领等也都因沿袭这一模式而成为行业翘楚。

今天，基于大数据云设计库和分散化、网络化的制造资源，依托基于互联网的、社会化服务所构建的柔性供应链，制造企业可以快速完成产品的定制过程，从而完成规模化定制的生产过程。

然而定制是一把双刃剑，它对生产组织、物流系统、供应商系统、库存、交货期等提出了非常高的要求，离不开数据在背后的精准驱动。首先是基于大数据分析的共性提取，以实现对个性化产品的降维处理，如将整件产品的生产转换成一个个零部件的生产，将生产分解为若干制造子流程，以及采购、包装、配送等供应链流程，就可以将个性化产品的共性特征表现出来。然后，对这些共性零部件和共性流程经统一的订单管理系统进行调度，实现面向行业的柔性供应链。

尚品宅配实现了所有订单及生产过程的数据化，产品以数字化形式存在于服务器，便于生产与数据挖掘。

第一步：将遍布全国的个性化订单通过网络传输汇总到总部订单管理中心。

第二步：将订单分拆为各种规格零部件的子订单，多产品按批次混合排产（见图 6.5），系统按照效率最大化原则为每个部件安排生产计划。

第三步：生成本批次板件加工总任务单。

第四步：自动生成本批次产品各车间作业指令。

第五步：按生产指令数字化加工。

第六步：采用智能立体仓库，在数据驱动下实现产品的智能入库、智能出库。

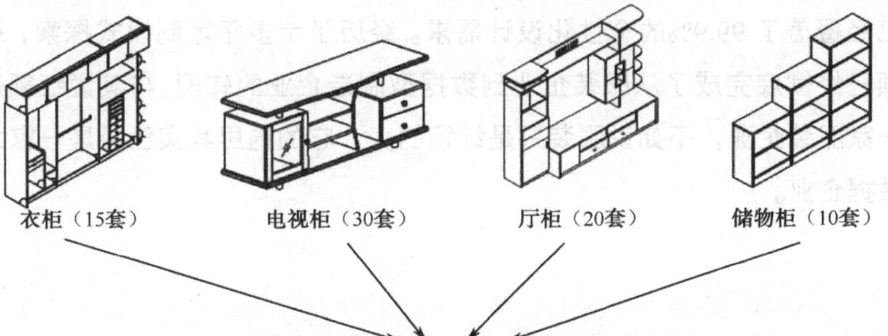

图 6.5　多产品按批次混合排产（资料来源：尚品宅配）

正是基于这一套系统，尚品宅配可以将生产过程控制在 10～15 天，将产能提高了 10 倍、材料利用率从 85%提升到了 93%以上、出错率则从 30%下降到了 3%以下、交货周期从 30 天缩短到了 15 天以内。最重要的是，实现了彻底的零库存，让每一件个性化的产品在生产之前就已经完成了销售。

红领集团也是典型的大数据驱动的定制生产模式。在计算机上采用 CAD 模式进行服装打版从理念到编程都不是很困难，也并非红领首创，但由于人体是个非常复杂的模型，西装自动生成版型很复杂，一要有大量的数据，二要有很多运算规则。要真正将 CAD 的理念从概念落到现实，需要一个非常巨大的数据库，在大数据的基础上进行建模，这个数据库的容量越大，基于这个数据库做出的计算模型就越精准。在过去 10 多年，红领积累了超过 200 万名顾客个性化定制的版型数据，包括版型、款式、工艺和设计数据。西装数据建模打版过程涉及很多细节，一个数据的变化会同时驱动 9666 个数据的同步变化，相互之间是强连接关系，也因此才能确保衣服贴身合体。目前红领拥有的数据量已经覆盖了 99.9%的个性化设计需求。经历了十多年定制模式探索，红领已经彻底完成了从服装企业到数据型制造企业的转型，与其说红领是一家服装企业，不如说服装只是红领的壳，它的内里其实已经是一家大数据企业。

6.4.3 从生产延伸到服务

随着市场竞争的不断加剧，产品的成功不仅体现在其本身的价格、质量上，用户开始逐渐关注产品所附带的一系列无形的特性和相关的服务，希望能够从中获得一套完整的服务体系，而非简单的产品。因此，个性化定制不仅表现在产品的外观、功能上，产品所附带的个性化服务同样值得人们关注。

对于某些规模化生产的产品，虽然就产品本身而言，它们是完全相同的，但如果这些产品能够针对不同用户智能地提供不同的服务，那么它们同样属于个性化产品的范畴，可以为消费者带来"产品定制"的感受，同时实现个性化产品定制的规模化生产。

这些"一模一样"的产品如何能够区分不同的消费者并为其提供个性化的服务呢？这在很大程度上也归功于大数据。结合互联网、物联网等技术，企业可以从网络及智能终端中广泛搜集用户的基础信息、产品使用情况信息及设备实时监控信息等数据，基于对这些真实数据的统计和分析，企业可以为消费者提供或推荐用户真正需要的服务，从而实现产品服务的个性化定制，增强用户的个性化体验。

个性化服务落地包括四个步骤。一是提取海量基础数据。企业拥有大数据就像拥有金矿，这座金矿的含金量高低直接影响能提炼出的黄金量。同样，大数据的质量好不好也直接决定了企业后续能利用的数据有多少。二是挖掘有用的核心数据，从基础数据中提炼有用的数据进行整理与匹配。三是响应市场营销数据。数据结果用于营销后，企业要进行响应。数据被挖掘出来后可以应用于某个细分市场，企业还要制定有针对性的营销策略。四是维护会员服务数据。对营销方案的执行和实施及后续服务进一步考验着企业的管理与应变能力。

6.5 打造全数据工厂

6.5.1 全数字生产模式

西门子成都工业自动化产品生产研发基地（以下简称“西门子成都工厂”）每生产一件新产品，都会产生自己的数据信息，这些数据信息在研发、生产、物流的各个环节中不断积累，实时保存在一个数据平台中，而整个工厂的运行都基于此数据系统。同时整个流程通过采用 Siemens PLM Software 系统规划虚拟产品生产的过程，实现了信息的无缝互联，让工厂整个运维全面透明化①。

西门子工业自动化产品成都生产研发基地自动化生产线如图 6.6 所示。

图 6.6 西门子工业自动化产品成都生产研发基地自动化生产线

① 西门子中国. 未来制造 数字之道——西门子的数字化体验. http://www.industry.siemens.com.cn/. [2016-02-11].

西门子成都工厂利用仿真、3D 建模、分析等工具集成的产品生命周期管理系统完成数字化制造，其整个 IT 系统架构包括 ERP（企业资源计划系统）、PLM（产品全生命周期管理系统）、MES（制造执行系统）、控制系统和供应链管理。其中，专门针对企业层领域，ERP 和 PLM 共建了整个系统的顶层结构，NX 和 Teamcenter 是 PLM 的核心软件。在 IT 系统支持下，工厂实现了从研发、生产到物流的全数据化。

全数字生产模式如图 6.7 所示。

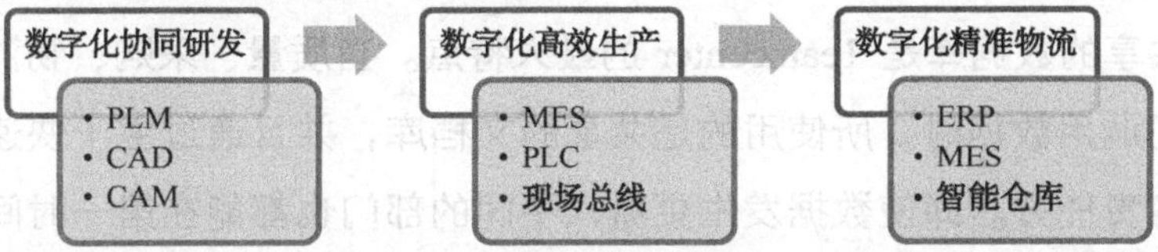

图 6.7　全数字生产模式

1. 数字化研发：协同快速

研发是数字化工厂“数据链条”的起点，由研发环节产生的数据将在工厂的各个系统间实时传递，数据的同步更新避免了传统制造企业经常出现的由于沟通不畅产生的差错，也使得工厂的效率大大提升。据数据统计，数字化工厂协同快速的研发可将产品的上市时间缩短 50%。

工厂研发的新产品诞生于西门子 PLM 的产品开发解决方案 NX 软件。它支持产品开发中从设计到工程和制造的各个方面，并集成了多学科仿真，还能够提供全系列先进零部件制造应用的解决方案，这是其他计算机辅助设计软件所无法实现的。研发部门的工程师可以通过 NX 软件进行模拟设计，并在设计过程中进行模拟组装，真正实现“可见即可得”。由于 NX 软件的应用而实现的数字化设计，可以大大缩短产品从设计到分析的迭代周期，也减少了多达 90%的编程时间。产品开发的时间也就相应地缩短了。

在 NX 软件中完成设计的产品都会带着专属于自己的数据信息继续“生产旅程”。这些数据一方面通过 CAM（计算机辅助制造系统）向生产线上传递，为完成接下来的制造过程做准备，另一方面也同时被“写”进数字化工厂的数据中心——Teamcenter 软件中，供质量、采购和物流等部门共享。采购部门会依据产品的数据信息进行零部件的采购，质量部门会依据产品的数据信息进行验收，物流部门则是依据数据信息进行零部件的确认。

共享的数据库是 Teamcenter 的最大特点。当质量、采购、物流等不同部门调用数据时，所使用的是共享的文档库，并且通过主干快速地连接到各责任方。即使数据发生更新，不同的部门也都能在第一时间得到最新的数据，这就使得西门子成都工厂研发团队的工作变得更加简单、高效，避免了传统研发制造企业的研发和生产环节或不同部门之间由于数据平台不同造成的信息传输壁垒。

2. 数字化生产：轻松高效

每天由西门子 MES 系统生成的电子任务单都会显示在生产线工作台前方的计算机显示屏上，实时的数据交换间隔小于 1 秒，这就意味着装配工位上的员工随时可以看到最新的版本。西门子 MES 系统 SIMATIC IT 包揽了传统制造企业生产计划调度的职能。没有了人工抄写的任务单，省去了不同产线交流的复杂环节。生产订单由 MES 统一下达，在与 ERP 系统的高度集成之下，可以实现生产计划、物料管理等数据的实时传送。此外，SIMATIC IT 还集成了工厂信息管理、生产维护管理、物料追溯和管理、设备管理、品质管理、制造 KPI 分析等多种功能，可以保证工厂管理与生产的高度协同。

在装配线的工作台上有数个不同的零件盒，每个零件盒上都配有指示灯。当自动引导小车送来一款待装配的产品时，计算机显示屏上会出现它的信息，相应地，所需零件盒上的指示灯亮起，装配员工就知道该安装什么零件了。这是由于传感器扫描了产品的条码信息，并将数据实时传输到了 MES 系统，MES 系统再通过与西门子 TIA（全集成自动化系统）的互联操纵零件盒指示灯，从而代替人完成了思考的过程。这种设计可以满足自动化产品“柔性”生产的需求（即在一条生产线上同时生产多种产品），指示灯能够帮助员工准确地识别不同产品所需的零件。

西门子全集成自动化解决方案（TIA）在很大程度上替代了人类的大脑、视觉和手臂。西门子用可编程控制器（PLC）来引导生产流程，用视觉系统来识别质量、用自动引导小车来传递产品。通过 PROFINET 现场总线连接并传送数据，不仅使人的工作变轻松了，更能确保生产各环节的可靠、灵活与高效。

当前工序上的员工确认了他装配好的产品，按下工作台上的一个按钮，自动化流水线上的传感器就会扫描产品的条码信息，记录它在这个工位的数据。MES 系统 SIMATIC IT 将以该数据作为判断基础，向控制系统下达指令，指挥小车将它送去下一个目的地。

在到达下一个工序前，产品要通过“严格”的检验程序。以可编程控制器（PLC）产品为例，在整个生产过程中针对该类产品的质量检测节点就超过 20 个。视觉检测是数字化工厂特有的质量检测方法，相机会拍下产品的图像并与 Teamcenter 数据平台中的正确图像比对，一点小小的瑕疵都逃不过 SIMATIC IT 品质管理模块的“眼睛”。对比传统制造企业的人工抽检，这显然要可靠又快速得多。

在经过多次装配并接受过多道质量检测后，成品被送到包装工位。再经过人工包装、装箱等环节，一箱包装好的自动化产品就会通过升降梯和传送带被自动运达物流中心或立体仓库。

这样一个完整的生产环节，在传统的制造企业要通过几十甚至上百人的手去完成，而在西门子成都工厂的车间内，却看不见密集的流水线员工，大多数的工序都是自动完成的。

利用西门子 PLM 和 MES 的信息互联，西门子还可以根据物料储备、交货时间等信息，在全球的工厂之间实时调配生产计划，以达到资源利用和物料配送的最佳组合。

应用了西门子数字化企业平台解决方案的成都工厂与西门子在中国的其他工厂比较，产品的交货时间缩短了 50%。产品的一次通过率（FPY）可达到 99%以上。西门子成都工厂的姊妹工厂——西门子德国安贝格电子制造工厂（EWA）目前可实现年产零部件 100 万件，即平均 1 秒生产一个产品，未来的成都工厂将有望冲击这一纪录。

3. 数字化物流：精准有序

精准有序的数字化物流系统使装配生产线员工在需要物料时甚至都不必转身，只要轻触工作台上的计算机显示屏，三四分钟后，他所需的物料就会被准确地从车间的物料中间库中输出，并送到他面前。

这一流畅的自动化物流过程背后是被称为“自动交通”的物料输送系统。自动化流水线上的传感器会对引导小车上产品的条码进行扫描，扫描得到的数据就会告诉“软件系统”在该装配环节需要的物料是什么，员工按动按钮，物料就会从物料库自动输送出，并通过流水线上传感器的“指挥”送到指定位置，这一过程是“全透明”且不需要人工干预的。这其中发挥作用的是 ERP、西门子 MES 系统 SIMATIC IT 及西门子仓库管理软件。而这一切，如果在传统制造企业，都是要靠员工查看任务单并亲自去物料库中选取完成的。员工要频繁往返于工位和库存地点，还难免因为看错任务单而造成效率低下；当任务单出现更新时，也难以保证在第一时间告知员工。

物料中间库是车间内物料的中转站，其中的物料是依据精益生产的“以需定产”的原则，每天从物料仓库中提取出备用的。这其中就不得不提到“拉式生产”的概念，即在生产流程的各工序，只在需要时收到货品，零售商也只会在收到顾客实际需要数量时才会从供货商那里进货。通过这种管理，可以保证工厂能够适时、适量、在适当地点生产出质量完善的产品，更大批的物料存储在布局紧凑的高货架立体仓库中。采购的物料经过质量检验之后都会存储在这里，并通过两座升降梯与车间相连。仓库共有近 3 万个物料存放盒，物料的存取并不用叉车搬运，而是通过“堆取料机”用数字定位的模式进行抓取，不必考虑叉车通过的距离，物料库的设计更紧凑，从而节约了仓库的空间。空余的空间则为西门子成都工厂的扩产提供充足的准备。

西门子成都工厂实现了从管理、设计、产品研发、生产到物流配送的全过程数字化，简化了传统的复杂生产线，加上全生命周期的自动化控制和管理方式，实现了产品的高效、快速、柔性输出，正是“工业 4.0”的体现。

6.5.2 黑灯工厂

黑灯工厂是指完全自动化、（几乎）不需要工人操作，可以关闭电灯的工厂。随着中国经济的发展，过去以人口红利取得的低廉劳动力优势已经逐渐地被新兴国家所超越，亚洲其他快速成长的制造中心如越南、泰国和印度尼西亚的工人工资可能比中国城市工厂的三分之一还低。中国制造需要探索新的、规模化利用机器人和自动化的方式，改变生产方式，改变生产流程。黑灯工厂的探索就是在这种背景下产生的，而黑灯工厂离不开数据的驱动，没有人，可以不需要电灯，但机器人和生产线仍然需要对话，即数据和信息的传送。

上海剑桥科技（CIG）工厂的一个机器人臂正在移动电路板进行各种测试，之前这项工作是由工人手动完成的①，如图 6.8 所示。

图 6.8 灵巧的机器手臂能够与人工的精细程度相媲美

海尔四大“无灯”工厂建成的高品质黑灯无人线完全实现自动无人冲片、串片、涨管，通过设备高精度作业实现效率及产品性能的大幅提升。例如，空调外机前装智能机器人装配线实现了空调外机前装部分 5 套机器人的协同装配，并结合信息化 RFID 身份证实现产品—机器人、机器人—机器人之间的智能自交互、自换行和柔性生产，在质量方面达到了压机螺母紧固扭矩 100%精准，从而降低了空调工作时的噪声。另外，其装配自动智能联机测试系统能自动识别产品，完成自交互调研设备参数程序测试，实现自判定，不合格不放行，还能结合物联网技术自动关联测试数据，这些数据都存储并可追溯，该技术实现了空调制冷制热性能的零误判。

海尔的黑灯工厂是与互联网连接的。订单来自网络，这是生产的开始，以空调为例，用户通过定制平台——海尔商城，根据个人的喜好，

① MIT Technology Review. China Is Building a Robot Army of Model Worker. April 26，2016. https://www.technologyreview.com/s/601215/china-is-building-a-robot-army-of-model-workers/.

自由配置空调的颜色、款式、性能、结构等，定制满足其个性化需求的空调。

然后，这个订单直接进入工厂的设备管理系统，系统根据用户的下单自动排产，而传统工厂里是依靠人工排产的。这套系统叫作 iMES 系统，它同时对用户、员工及模块商的数据及生产数据进行实时管理。整个工厂变成了一个智能制造执行系统，而员工的角色转型为机器的管理者。

海尔在沈阳建了一个工业园，按当时情况建的职工宿舍现在连一半都用不上，已租给外边的工厂。这是一个趋势，无论是企业还是从业者，都要提早为这种变化做好准备。

第7章

数据成就管理

1954 年，美国通用电气公司第一次用计算机计算职工的工资，这是计算机首次进入管理业务领域。此后，随着计算机技术、网络技术的迅速发展，企业管理由初期的单项数据处理阶段发展到数据综合处理阶段，进而发展到现在的数据系统处理和管理信息系统（MIS）阶段。20 世纪 70 年代，为了及时调整需求和计划，出现了具有反馈功能的闭环 MRP（CloseMRP），把财务子系统和生产子系统结合为一体，采用计划—执行—反馈的管理逻辑，有效地对生产各项资源进行规划和控制。20 世纪 80 年代末，人们又将生产活动中的主要环节销售、财务、成本、工程技术等与闭环 MRP 集成为一个系统，成为管理整个企业的一种综合性的制订计划的工具，这种综合的管理技术称为制造资源计划 MRP-II。它可在周密的计划下有效地利用各种制造资源，控制资金占用，缩短生产周期，降低成本，实现企业整体优化，以最佳的产品和服务占领市场。由此可见，企业管理中引入数据越来越广，数据关联越来越紧密，发展到今天，终于可以实现数据驱动的精细化管控。

企业运营中的价值驱动因素——资产利用、劳动力效率、库存、质量、供需对接、入市时机、服务与售后效率、资源与流程效率，都与数据紧密关联，都可以借助数据化手段提升精细化管控。

7.1　成本精细管控

企业为进行生产经营活动购置各种生产资料或采购商品，而支付的价款和费用就是购置成本或采购成本。企业经营过程中有着各种人力、设备、能源和资金投入，这也是成本。随着生产经营活动的不断进行，这些成本就转化为生产成本和销售成本。

以前，企业能够管控的是在过去一段时期内生产和经营过程中的实际支出，这些支出称为会计成本；现在，企业对成本的使用重在衡量稀缺资源配置在不同用途上的代价，这涉及使用一项资源或做出一项选择放弃掉的机会即机会成本。

成本是在过程中产生的，具有系统性，设计、开发、采购、生产、销售和服务等过程的运作都会产生成本。既然是系统的问题，就需要系统地管理和控制。然而很多企业并没有把成本管理看成是一个系统、全面的控制过程，操作中仍然存在顾此失彼的现象。想起来什么就管什么，采购成本高就控制采购成本，生产成本高就控制生产成本，头疼医头，脚疼医脚，最终结果未能很好地控制企业的成本。大数据时代，成本管理由单一的财务人员的控制成本向全员、全成本、全过程的“三全”成本控制转变。这里面的全成本、全过程无疑需要数据的支持。

以建筑企业为例，将成本数据有效地利用在新建项目中，可以实现数据价值的最大化。数据应用贯穿于项目建设各个阶段[①]，如图 7.1 所示。

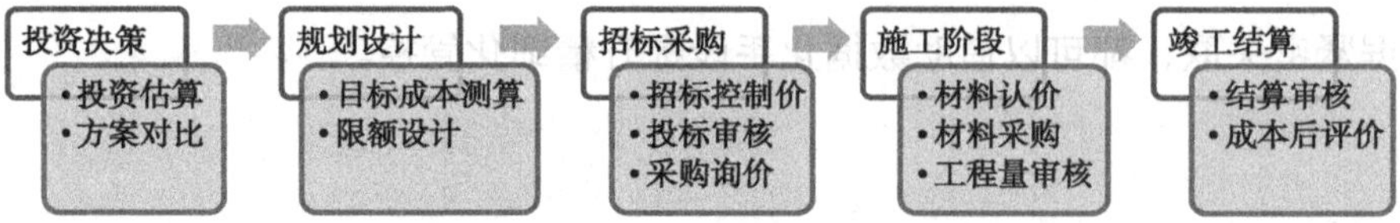

图 7.1 建筑成本管理中的数据应用

1. 投资决策阶段

投资决策阶段需要进行投资估算，在合理的成本指标框架体系和标

① 马可. 大数据时代的成本管控. http://www.gldzb.com/. 2015-06-09.

准测算模型的规范下，企业将历史项目的成本数据存储在企业信息化平台中，并通过数据的汇总、分析、挖掘和转化，最终优化形成带有企业自身浓郁特色的标准成本库。当企业在拿新地做项目时，就可充分参考企业历史成本数据库的各项指标，根据过往项目成本结构、项目规划指标、产品指标、各项经济技术指标、地方性规费等快速进行成本测算和项目决策。

2．规划设计阶段

规划设计阶段需要确定合理的限额设计目标。目标的设置要合理、科学并符合项目实际情况，目标过高则难以实现，目标过低则会失去限额设计的意义。对分部、分项工程限额设计需要依据数据库中的指标进行测算。例如，抗震设防烈度为 6 度的多层住宅钢含量控制指标为 $48kg/m^2$。

3．招标采购阶段

在评标过程中，招标人可以对各投标方的投标文件进行审核对比。应用历史清单数据帮助招标方快速审核清单项描述，并对投标报价合理性进行判断分析。同时，审核工程价格的计算规则，计算每个清单项的综合单价平均值，并且分析出与平均值的差距、差额率等，根据输出的审核数据、结合事前设置的差额率，系统自动把过高、过低清单项自动筛选出来，帮助造价人员快速审核。

4．施工阶段

在施工过程中，对于甲对乙供材料，在进行认质认价时，能够迅速从材料价格库中查询相应材料的价格，当出现差异较大时，能够及时作出决策。

5. 竣工结算阶段

在竣工结算阶段可以采用对比审核法，依据成本数据库中的同类工程，对比各分部分项的单方造价指标、工料消耗指标，快速找出差异较大的分部分项工程，针对这些项目重点计算，分析差异原因，总结经验。

实际上，将大数据用于企业成本管理的每一个细小环节，都有可能起到降低成本的效果。

龙大食品集团每年食品加工耗电量约为 3000 万度，其中制冷用电占 70%左右，约为 2100 万度。能源消耗占产品成本的 10%～20%，冷冻干燥产品甚至可以占到 50%，所以为了降低成本，提高产品竞争力，制冷用电的节能管理是重中之重。为此，他们以龙大东厂制冷机房为试点，抓取其制冷温控数据及电力耗用数据，利用大数据分析建立分析模型（见图 7.2），直观准确地反映目前存在的问题并指导优化制冷操作，最终达到节能降耗的目的。通过对冷库温度数据的实时监测和对温度数据、制冷用电数据的分析，实现优化降温操作和监控温度异常情况，实现对制冷过程中的各库的降温时长、尖峰平谷各降温时段占比、异常温度次数等的量化监控。结合尖峰平谷时段，智能分析在保证库温达标的前提下，提示什么时间开始降温和停止能够使制冷电费用最低，最终达到节能降耗的目的。

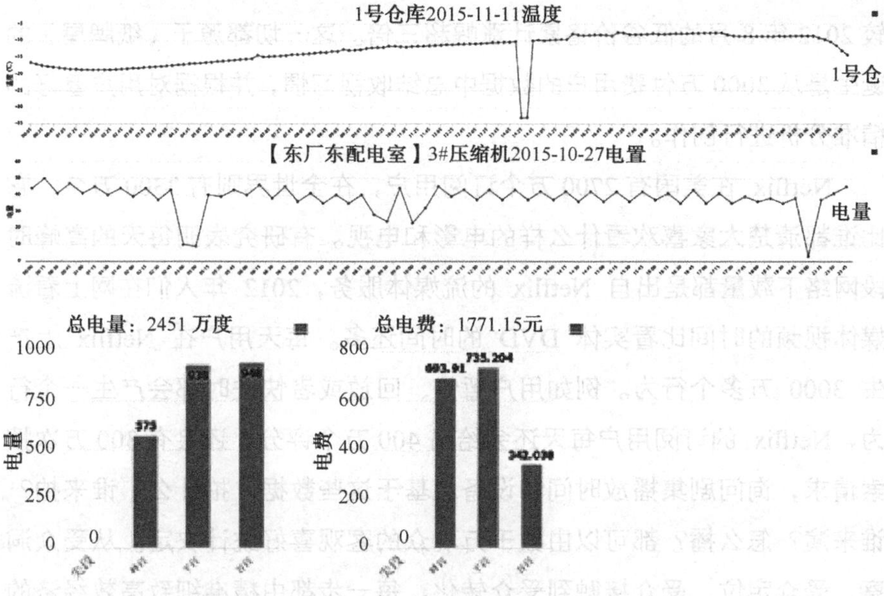

图 7.2　温控信息查询分析（翰岳智能，2016）

7.2　精细化供需对接

无论是目前正在尝试的电商精准营销，还是未来可能实现的精确定制化营销，都离不开大数据技术的应用。

先分享两个大数据时代下运用在数据营销的案例①。

《纸牌屋》(第一季)于 2013 年 2 月 1 日在 Netflix 网站上全球同步首播。一部《纸牌屋》，让全世界的文化产业界都意识到了大数据的力量。《纸牌屋》的出品方兼播放平台 Netflix 在 2013 年一季度新增超过 300 万个流媒体用户，第一季财报公布后股价狂飙 26%，达到每股 217 美元，

① Adpush. 大数据营销的两个成功营销案例. http://www.adpush.cn/news/2403/. 2014.11.24.

较2012年8月的低谷价格累计涨幅超三倍。这一切都源于《纸牌屋》的诞生是从3000万付费用户的数据中总结收视习惯，并根据对用户喜好的精准分析进行创作。

Netflix在美国有2700万个订阅用户，在全世界则有3300万个，它比谁都清楚大家喜欢看什么样的电影和电视。有研究表明每天的高峰时段网络下载量都是出自Netflix的流媒体服务，2012年人们在网上看流媒体视频的时间比看实体DVD的时间还多。每天用户在Netflix上产生3000万多个行为。例如用户暂停、回放或者快进时都会产生一个行为，Netflix的订阅用户每天还会给出400万个评分，还会有300万次搜索请求，询问剧集播放时间和设备。基于这些数据，拍什么？谁来拍？谁来演？怎么播？都可以由数千万观众的客观喜好统计决定。从受众洞察、受众定位、受众接触到受众转化，每一步都由精准细致高效经济的数据引导，从而实现大众创造的C2B，即由用户需求决定生产。

卡夫食品旗下曲奇品牌趣多多在2013年愚人节搞了一次大数据营销活动，他们在愚人节前一天推出了一期品牌专场节目，借势开展以“别太当真，只要趣多多”为主题的营销活动，在一个特殊的时机灵活融入了产品理念且化解了消费者对强制介入的商业行为的反感。这次活动趣多多创造了6亿多次页面浏览并影响到近1500万个独立用户，品牌被提及的次数增长了270%。可以说这是一次成功的品牌营销活动，广泛的发声，让趣多多的用户关注度得到了一次巨大的提升，诙谐幽默的品牌基因深入到用户的意识层面。

趣多多到底是如何利用大数据营销做到这些的呢？

（1）利用社交大数据的敏锐洞察，趣多多精准锁定了以18～30岁的年轻人为主流的消费群体。

（2）聚焦于用户习惯使用的主流社交和网络平台，如新浪微博、腾讯微博、百度大搜、社交移动APP及优酷视频等。

（3）在愚人节当日进行全天集中性投放，围绕品牌的口号展开话题，全面贯彻实时且广泛的与用户沟通机制并深度渗透，使品牌在最佳时机得到有效曝光，也令目标消费者在当天能得到有趣和幽默的体验。

（4）联合“今晚 80 后脱口秀”娱乐节目，将趣多多以“有趣”为主题的品牌定位进一步加以强化。多支短片在趣多多官方微博亮相，主持人王自健和网友的互动也在第一时间和活动主题相呼应。

随着技术和数据架构的演进，现在的销售数据已经延伸到很多范围，如位置数据、基站数据，还有通话记录和移动互联网上的消费者行为等。利用这些来自多渠道的数据建立分析模型，可以 360° 全方位地去观察客户的兴趣、爱好，并预测未来的行为，从而制定个性化的营销策略。

7.3　精准库存与柔性供应链

现代企业的竞争实际上是几大整机制造商所统领的零部件企业所构成的企业集群之间的竞争，是整个供应链体系的对决。以汽车行业为例，供应链的竞争正在成为企业在激烈市场竞争中胜出的关键因素，拥有优质、稳定、高效的供应链是企业追逐的目标。由于产业分工越来越精细，由企业间竞争提升为供应链间竞争，企业已无法“独善其身而不兼善天下”，加上企业国际化的趋势，因此企业除落实内部健全的流程管控外，亦需积极寻求与供应链上下游厂商的紧密整合。而随着供应链上下游厂商共存关系越来越密切，供应链整合需求由“物流”迅速扩散到“资金流”。而“物流”与“资金流”的高效运转需要“数据流”的引导，如图 7.3 所示。

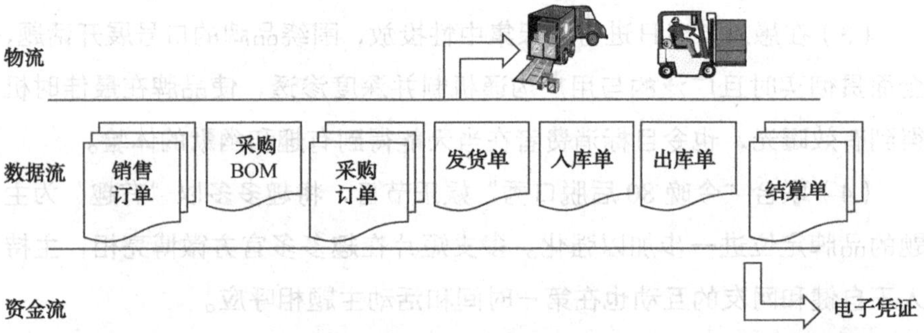

图 7.3　供应链中的数据流

制造供应链构成的典型特征是以主机制造企业为核心构造供应链网络，需求拉动式生产，柔性化精益生产与及时化生产，供需间的关系十分密切，物流配送功能专业化，核心企业对供应链的整合、协调，战略合作伙伴关系的构建，是供应链管理的重点，需要统一的信息控制平台来管理供应链中的各种信息流，从单企业竞争提升到全供应链的竞争。

7.3.1　互联网和大数据时代，供应链具有了更多的“互联”特性

供应链的网络特性，使其适合用互联网进行改造。首先是信息的共享性，供应链上的各成员不仅需要知道下游客户的需求，还需要了解上游供应商的供应能力。信息的充分共享是企业及时安排生产、响应市场需求的首要前提。其次是系统的集成性，供应链强调整体性的全局观念，它以整个链为出发点，以整体的效率提高、成本降低、资源配置合理等为最终目标。最后是快速的响应性，供应链要及时反馈用户端不断变化

的需求信息，并据此调整计划，迅速组织生产，这缩短了从生产到消费的周期，促进了各个企业对市场机遇的共同把握，提高了企业快速响应市场的应变能力。

互联网带来柔性和敏捷，阿里巴巴的“淘工厂”项目做了一件很有意思的事情，“淘工厂”是阿里巴巴搭建的电商卖家与优质工厂的桥梁，旨在帮助工厂实现工厂电商化转型，打造贯通整个线上服装供应链的生态体系。“淘工厂”连接电商卖家和工厂，将懂电商但不懂供应链的电商卖家和懂供应链但不懂电商的工厂连接起来；实质上是把服装工厂的生产线、产能、档期搬到互联网上，打包作为一种服务出售。

在产品设计上，阿里要求工厂将产能商品化，开放最近 30 天空闲档期。档期表示工厂接单意愿，如果工厂没有空闲档期，则卖家搜索时会默认过滤掉。淘工厂最大的特点在于生产将更加符合淘宝卖家的需求，淘宝卖家可以尝试小批量试单，并快速翻单。阿里巴巴要求入驻的代工厂为淘宝卖家免费打样、提供报价、提供档期，并且接受 30 件起订、7 天内生产、信用凭证担保交易等协定。

同时，阿里将通过金融授信加担保交易解决交易的资金缺乏和资金安全问题。淘宝卖家在支付货款时可使用阿里的授信额度。工厂可凭信用证收回全款，如果买家失信，阿里将会补上这份金额给工厂。

目前已经有上千家服装工厂入驻“淘工厂”平台（见图 7.4），除了中小微的服装厂，包括浙江富春江织、西格玛服饰等国际品牌代工厂也入驻平台，专门给淘宝商家开辟“柔性化”小型生产线[①]。

① 阿里研究院. 互联网+研究报告, 2105.

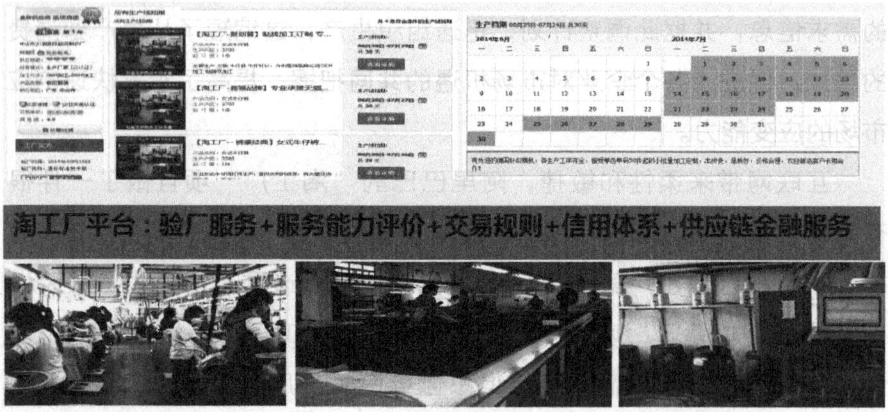

从捆包制到“单件流”　　小型自动裁床　　小型染缸

图 7.4　阿里“淘工厂”

7.3.2　基于互联网+供应链的敏捷供应链

供应链协同的基础是：打通电商大数据、ERP、MES 系统，实现纵向一体化。要实现供应链协同，需要实现价值链各环节的数据共享和策略一致。在生产制造端，首先需要打通 ERP 与 MES 的割裂，实现内部协同。ERP 是企业层级的资源计划管理；MES 则是位于上层计划管理系统与底层工业控制之间、面向车间层的管理信息系统。ERP 的计划生成可执行的生产工单，而 MES 则对工单的执行过程跟踪记录，并防止错误发生，其管理范围为从投产到出货。

若企业内部能实现 ERP、MES，乃至 CRM 的集成协同，进一步需要对接电商大数据，包括实时订单数据、需求预测数据等，这部分数据可能分属于不同的合作伙伴。这时候合作伙伴的协同意识、信息化水平、数据接口标准，乃至激励机制就至关重要了。当产业链所有系统都全面集成之后，一条连接市场最终客户、制造业内部各部门、上下游各方的实时协同供应链就形成了。

所谓柔性化生产是指，在品质、交期、成本保持一致的条件下，生产线在大批量生产和小批量生产之间任意切换。业界谈论更多的“大规模个性化定制”只是柔性生产的一种形式，并不是通用模型。同时，所谓“小多快”（小批量、多品类、快速生产）也不是真正的柔性化，因为大批量订单做不了也不是真正的柔性生产。目前，方兴未艾的“智能制造”我们认为也是应用 IOT 技术来实现柔性化生产或定制化生产，总体上也属于这个范畴。

新的制造模式需要基于互联网的柔性供应，需要数据全流程打通共享，精益生产改造传统供应链，适合 C2B 运营，支持动态柔性构建，同时又适应网络制造的柔性化供应链体系。

互联网+供应链的敏捷供应链如图 7.5 所示。

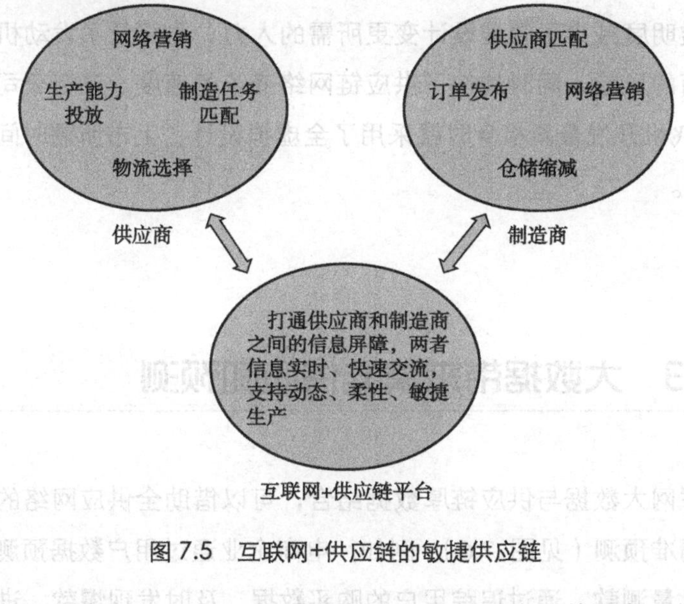

图 7.5　互联网+供应链的敏捷供应链

领先的消费品生产商正在利用数据技术来提升配送能力，并加强与消费者的联系。全球快时尚服饰商 Zara 早已因在两周内完成新品开发和交付而闻名。目前，公司正在使用数据工具，以更快响应消费者偏好并降低供应链成本，在旗下的2000多家门店中，有700多家已经将可重复使用的射频识别 RFID 标签加在每一件衣物上。仅需 10 名员工挥动装在衣架上的小型手持计算机，就可以在两三个小时内完成一家门店的库存更新。而过去，这项工作需要 40 个员工努力至少 5 个小时才能完成。

航空和国防工业也正在利用数字化工具来整合极端复杂的供应链网络。例如，现代喷气式涡轮发动机有成百上千个独立部件，其中一部分由发动机制造商自己制造，其他部件则在供应商网络中的数十家厂商那里采购。由于一处设计的改动可能会影响许多其他部件的制造，采购的复杂性可能会骤然上升。以云计算为基础的工具能让供应商实现快速协作并提高效率。发动机制造商可以在其网络中分享组件设计的三维模型，每家供应商均可依次共享价格、物流和质量方面的信息。这种信息共享方式和透明度减少了管理设计变更所需的人力，也降低了发动机制造商和供应商的风险，同时加快了供应链网络变革的速度。波音公司为 777 和 787 飞机开发最新机身时就采用了全虚拟设计，上市所需时间减少了50%以上。

7.3.3 大数据带来精准供应和预测

互联网大数据与供应链厚数据结合，可以借助全供应网络的联动帮助企业精准预测（见图 7.6）。例如，电商企业通过用户数据预测，可以先行小批量测款，通过追踪用户的购买数据，及时发现爆款，进而可以延长单品销售周期，并可以通过精准营销和配送降低流量成本。

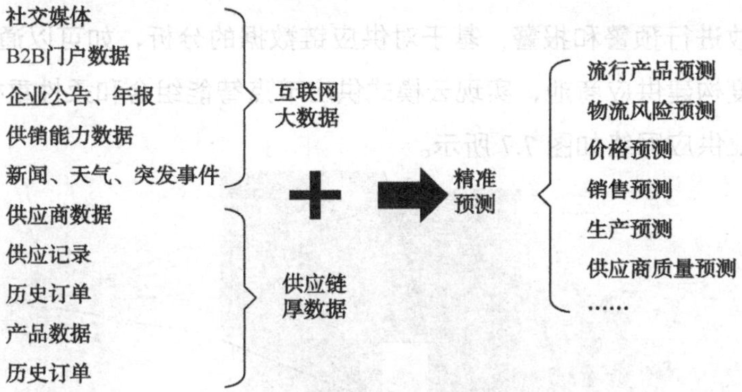

图 7.6　大数据带来精准供应和预测

1. 大数据精准预测市场需求

需求预测是整个供应链的源头、整个市场需求波动的晴雨表，销售预测的灵敏与否直接关系到库存策略，生产安排及对终端客户的订单交付率，产品的缺货和脱销将给企业带来巨大损失。只有预测精准，才能敏捷、透明地寻源与采购，智能地监控库存健康状态，提前预测滞销库存，预测未来某个时间点的库存周转和现货率，提前预测风险，提前预测收益。从需求变动、安全库存水平、采购提前期、最大库存设置、采购订购批量、采购变动等方面综合考虑，监理优化的库存结构和库存水平设置。

2. 数据驱动供应链预测和重构

供应网络隐藏了大量有价值的信息，如供应依赖关系、供应商相似度、制造商相似度等，通过供应网络宏观分析可以发现供应网络的集群特征、宏观特征，辅助决策，实现基于宏观供应网络特征分析的供应网络整体优化。基于大数据的供应关系推理和采购供应预测技术，对供应网络与多级供应链进行优化，实现数据驱动的精确、准时供应保障，对供应事故进行预警和报警；基于对供应链数据的分析，如可以通过供应商相似度构建供应商池，实现云模式供应节点智能组合和柔性重构。

企业供应网络如图 7.7 所示。

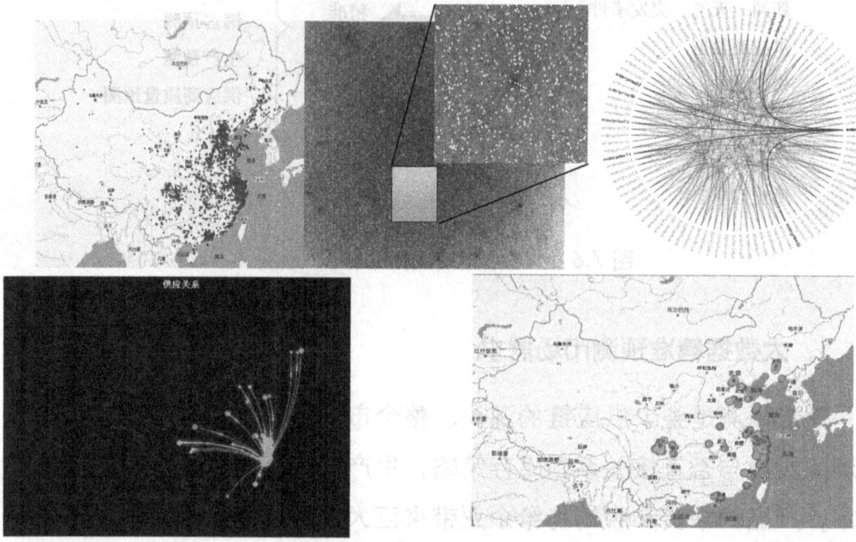

图 7.7　企业供应网络

3．大数据提高物流运作效率与服务

有效地进行大数据处理，要能够共享、集成、存储和搜索来自众多源头的庞大数据，发挥大数据的最大价值。通过大数据分析合理的运输管理、道路运力资源管理，构建全业务流程的可视化、合理的配送中心间的货物调拨及正确选择和管理外包承运商和自有车队，提高企业对业务风险的管控力，改善企业运作和客户服务品质，如图 7.8 所示。例如，依靠数据打通的电子运单系统，能从一开始就给出合理的分发路径，从而提高运营效率，降低公司的成本。

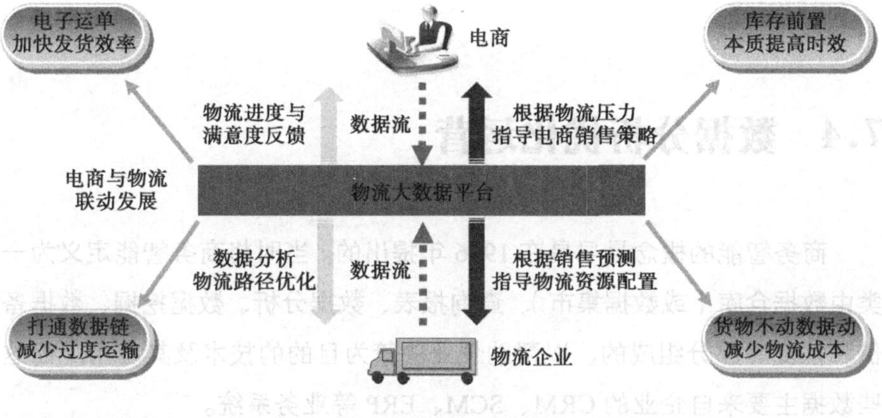

图 7.8　大数据提高物流运作效率与服务

欧洲最大的咨询公司凯捷咨询调查了 337 位来自欧洲和北美最大的全球制造和零售企业的高管。该调查发现，75%的受访者说，供应链的数字化改造是“重要的”，50%的受访者说数字化改造是“非常重要的”，70%的受访者说，他们已经开始了正式的数字供应链变革的努力，这项调查得出的一个主要观点是：供应链的数字化改造是非常重要的。

但是，只有 15%的受访者表示他们的组织在访问扩展供应链中的大多数数据，未来五年里，这个数字将会达到 54%；今天，只有 23%的受访者表示他们利用扩展供应链中的数据进行分析并用于决策，未来五年里，这个数字将达到 68%；从现在起到未来五年内，94%的受访者期望从整个供应链中得到更多的实时状态更新。

关键的数据技术已经具备，这些受访高管认为数字化供应链转型最大的技术引擎是供应链可见性平台/工具（94%）、大数据分析技术（90%）、仿真工具（81%）和云端化工具（80%）等，括号中的数字是这些技术被选择的百分比。但 48%的受访者承认，“传统”的方法，如电话、传真、电子邮件现在仍然是与供应链合作伙伴互动的最主要的方式[①]。

7.4 数据分析优化运营

商务智能的概念最早是在 1996 年提出的。当时将商务智能定义为一类由数据仓库（或数据集市）、查询报表、数据分析、数据挖掘、数据备份和恢复等部分组成的、以帮助企业决策为目的的技术及其应用。而这些数据主要来自企业的 CRM、SCM、ERP 等业务系统。

商务智能能够辅助的业务经营决策既可以是操作层的，也可以是战术层和战略层的。为了将数据转化为知识，需要利用数据仓库、联机分析处理（OLAP）工具和数据挖掘等技术。因此，从技术层面上讲，商务智能不是什么新技术，它只是数据仓库、OLAP 和数据挖掘等技术的综合运用。

长期以来，商业智能的应用一直局限于结构化数据，其核心组件数据仓库最为擅长的也是结构化数据的存储与管理。互联设备、互联网服务、社交媒体、照相机、传感器和用户在全球各地产生的内容正呈爆炸式的增长，使原始数据量亦呈指数级增长。此外，多至 90% 的企业数据（包括文档、网页和电子邮件）都是非结构化数据。数量庞大和复杂的数据使传统的数据库软件难以应对，并急需一种新的方法来处理。

在大数据时代，一批新的数据挖掘技术正在涌现，正在改变分析处

① New Study. 70% of Executives Have Started Digital Supply Chain Transformation. Investing News Network，April 5，2016. http://investingnews.com/daily/tech-investing/cloud-investing/new-study-70-executives-started-digital-supply-chain-transformation/.

理海量数据的方式，使得企业能够更快、更经济地获得所需的结果。大数据技术不但能处理结构化数据，还能分析和处理各种半结构化和非结构化数据，甚至从某种程度上，更擅长处理非结构化数据。而企业商务智能分析中需要更多的集成的就是这样的数据，如社交媒体中的各种交互活动、购物网站用户点击行为、图片、电子邮件等。

传统商业智能的技术瓶颈很大程度上是对抽样数据进行分析，而大数据技术的引入使得商业智能可以基于全量数据，这样让结果更加准确可信。可以说，商务智能对企业外部数据集成的需求和大数据相关技术的快速成熟发展，促进了商务智能向数据挖掘的纵深发展。大数据技术的引入打破了传统商业智能领域的局限，它在处理数据量上有了质的提高。这里有两个问题需要解决。

- 大数据库。包含结构化数据。此类数据对于传统关系型数据库管理系统（RDBMS）而言过于庞大，无法处理。
- 深度分析。用于搜索复杂、开放式问题的答案。通常，此类答案无法直接在源数据中编写。大数据可视化和分析工具能够帮助连续调优和抽象，从而获得宝贵的洞察信息。

大数据时代的来临，对于商务智能软件厂商也是一个挑战。大数据的快速分析能力将成为此类软件的标准配置。商务智能软件商需要结合大数据分析技术，在分析能力和分析类型上对传统的系统进行扩展。一方面通过引入开源的大数据处理技术和平台（如 Hadoop、Hortonwork）来增强商务智能系统的分布式数据并行处理能力，为传统的数据挖掘分析带来新鲜血液；另一方面，连接更多的数据类型，包括将以往无法分析的非结构化数据或半结构化数据分析整合进商务智能系统，增强分析数据的广度和范围。日立旗下的 Pentaho 作为一家开源的商务智能软件提供商，就在自己的商务智能软件中融合大数据架构，将各种互联网数据、机器感知数据等导入，与传统的 ERP 等业务数据实时集成与混合，然后进行分析，如图 7.9 所示。该架构的处理核心是 Hadoop 集群。

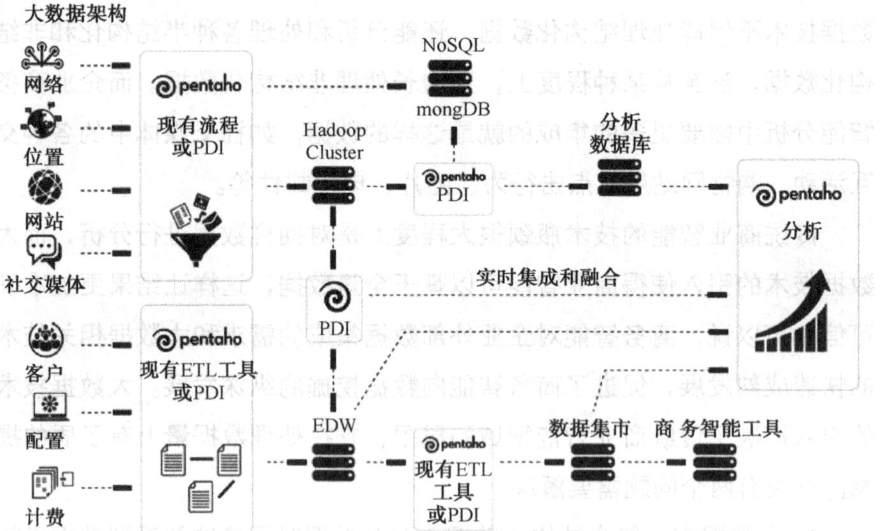

图 7.9　Pentaho 商务智能软件的大数据集成架构①

大数据支持的商务智能将为企业决策提供更好的支持。通过挖掘和分析大数据，企业将能够更深入、更广泛地洞察业务模式和发展趋势，帮助企业在制造、安全、营销和 IT 领域提高运营效率和竞争优势。

许多大型制造商已经开始利用数据分析来优化工厂运营、提升设备利用率和产品质量，同时降低能耗。一旦使用新的供应网络管理工具，工厂管理者对原材料、制造部件在制造网络中的流动就可以有清晰的了解，这有助于合理地安排工厂运营和产品发货，从而降低成本、提高效率。智能互联的产品把客户的体验数据发送给产品经理，帮助他们对需求和维修需要进行预测，进而设计出更好的产品。各行各业的公司都在用不同的方式部署数字技术以驱动价值。例如，一家大型金属厂使用数

① www.pentaho.com.

字工具来促成全面、逐步的产能提升，将操纵台的实时表现可视化与日常问题解决方案相结合，使其中一条生产线的生产率提高了 50%。通过数据挖掘，工程师对主要设备模式的故障特征有了新的洞见，并对设备的可靠性进行了持续改善。该公司希望通过使用状态监测、预测性维护及流程控制、自动化材料跟踪，使得大数据分析成为可能，从而在运营成本无显著增加的前提下实现产量 30%的提升。

7.5 数据控制全面质量

制药商利用自身对端到端流程的深刻理解开发出连续生产车间，其大小不到传统工厂的一半。一些企业甚至开发出“便携式”工厂，可以建在 40 英尺长的拖车里。他们还利用数字线来提升质量控制：持续监测搅拌容器、压片机、冻干机和其他关键设备的情况。一些企业现在依靠红外技术来发现伪劣药物和污染物，不再需要传统的降低生产线速度的测试了。随着行业把这类先进技术带进市场，领先者将会把“三西格玛”的行业表现转变成“六西格玛”甚至更高水平。

为实现全产业链的透明化与数据化管理，飞鹤乳业早在 2011 年就开始了大数据战略的部署，建立了全产业链食品安全管理体系和产品可追溯系统，该体系结合赋码系统、生产运营的业务系统完成数据采集，对乳品原料的生产、加工、运输、仓储及零售等供应链环节的管理对象进行标识，并在相互连接后将这些标识用条码以人工可识读的方式表示出来。一旦出现卫生安全问题，安全追溯系统可以通过这些标识进行追溯，准确地缩小安全问题的范围，查出问题出现的环节，并可追溯到问题的源头，完成了系统数字化、透明化、服务化的升级。

7.6 数据驱动精细管控

常林集团的可持续发展战略要求转变集团资源的使用方式，从过去粗放式管理方式转向追求可持续发展的精细化管理方式：将所有业务应用系统构建在同一平台上，以此来替换子公司已有的 IT 系统，实现集团内部各业务一体化运营管理；建立统一的精细化管控平台和数据中心，实现集团财务、战略、人力资源和生产、采购、营销等业务的管控，使整个集团的组织架构、业务流程、资源配置、风险防控等得以优化；兼顾各子公司业务一体化运营、集团战略管控和业务垂直监管的双重体系，实现母子公司间垂直的和子公司间水平的企业资源精细化整合。

1. 通过“互联网+”进行网上订单选配，推动预测生产向定制生产模式转变，实现推送营销

2014 年最明显的感受是，以往消费者作为市场消费产业链的末端，总是在被动地接受企业设计的产品，而如今，随着互联网的发展及用户个性化需求的逐渐凸显，消费者的市场位置正在发生颠覆性的变化。

常林集团通过精细化管控平台电子营销全面集中的管理思想，实现集团的垂直管理，通过集团销售与分销管理、集中发运管理、异地库存管理、销售终端管理等业务模块，建立统一销售与分销管理平台，实现集团对整个销售网络进行有效、实时的管理与控制，引入大数据分析平台收集并分析消费者的个性化需求，对企业内部的生产工艺、流程等迅速进行订单选配和重组，进行针对性的产品开发，合理地组织安排生产，直接面向用户个性化需求提出解决方案。生产线由大规模批量化生产转向小批量定制化生产，预测生产向定制生产模式转变。同时，常林集团通过精准的数据分析和客户的细分归类，对客户进行精准推送营销，实现集团对整个销售网络进行实时的管理与控制，有效整合客户资源、降低销售网络的成本、减少库存资金的占用、加速存货的周转速度，及时传递订单和销售量信息，掌握市场需求的变化，合理地组织安排生产，实现对整个销售网络的有效管理，增强了常林集团的竞争力。

2. 通过对智能设备、MES、PLC 等生产和设备数据的采集，实现生产设备一体化控制

常林集团在产品设计开发、生产制造、经营管理与运维服务等产品全生命周期和企业运行过程中，通过计算机辅助设计与制造（CAD/CAM）、计算机辅助工艺（CAPP）、制造执行系统（MES）、产品生命周期管理（PLC）等软件进行了互联。整个生产制造活动的数据能够实时感知、传递、分析和处理，并且能够及时反馈。所需用到的软件和数据都在云计算中心，能够进行集中处理。

通过精细化管控平台与常林集团原有的智能设备、MES、PLC 等进行连接，在工厂建模的基础上，借助实时数据库、OPC 协议等方式自动采集生产相关信息，实时反映车间运行状态，整个生产制造活动的数据能够实时感知、传递、分析和处理，并且能够及时反馈，常林集团各级管理层在办公室就可以看到设备运行情况，了解生产运行状况，提前做出决策。同时，自动采集的材料消耗可上报形成领料单，自动采集的产品产出可上报形成完工报告，实现制造与设备的一体化管理。

通过设备集成，为常林集团的设计、工艺和制造协同提供平台支撑，改善产品设计、工艺和相关部门之间的协作水平，有效缩短产品开发周期。前期建立的和正在实施的各个信息化单元技术能够在整个流程中充分地共享，并在各个环节发挥作用，真正起到“集成”和“协同”的作用。从而增强了自主创新能力、缩短了产品生命周期、提高了生产柔性和快速响应顾客需求的能力。

第8章

互联网+企业

当下，互联网启蒙时代结束，“互联网+”时代正在来临。“互联网+”的中文全称是“互联网化”。如果说互联网指的是各类互联网企业，那么“互联网+”恰恰面对所有传统产业和企业。“互联网+”是把互联网的创新成果与经济社会各领域深度融合，推动技术进步、效率提升和组织变革，提升实体经济创新力和生产力，形成更广泛的以互联网为基础设施和创新要素的经济社会发展新形态。

8.1 “互联网+”的进程与本质

2015 年 12 月,《咬文嚼字》杂志发布 2015 年度“十大流行语”，“互联网+”排第二位①。

那什么是“互联网+”呢？“互联网+”就是“互联网+各个传统行业”，但这并不是简单的两者相加，而是利用信息通信技术及互联网平台，让互联网与传统行业进行深度融合，创造新的发展生态。它代表一种新的社会形态，即充分发挥互联网在社会资源配置中的优化和集成作用，将互联网的创新成果深度融合于经济、社会各域之中，提升全社会的创新力和生产力，形成更广泛的以互联网为基础设施和实现工具的经济发展新形态。

国内“互联网+”理念的提出，最早可以追溯到 2012 年 11 月于扬在易观第五届移动互联网博览会上的发言②。易观国际董事长兼首席执行官于扬首次提出“互联网+”理念，他认为“在未来，‘互联网+’公式应该

① 《咬文嚼字》编辑部 2015 年十大流行语. 中国社科网[引用日期 2015-12-16].

② “互联网+”激活更多信息能源. 光明网[引用日期 2015-07-1].

是我们所在行业的产品和服务，在与我们未来看到的多屏全网跨平台用户场景结合之后产生的这样一种化学公式。我们可以按照这样一个思路找到若干这样的想法，而怎么找到你所在行业的'互联网+'，则是企业需要思考的问题"[①]。

2015 年 3 月，全国两会上，全国人大代表马化腾提交了《关于以"互联网+"为驱动，推进我国经济社会创新发展的建议》的议案，对经济社会的创新提出了建议和看法。他呼吁，我们需要持续以"互联网+"为驱动，鼓励产业创新，促进跨界融合，惠及社会民生，推动我国经济和社会的创新发展。马化腾表示，"互联网+"是指利用互联网平台、信息通信技术把互联网和包括传统行业在内的各行各业结合起来，从而在新领域创造一种新生态。他希望这种生态战略能够被国家采纳，成为国家战略[②]。

2015 年 3 月 5 日上午十二届全国人大三次会议上，李克强总理在政府工作报告中首次提出"互联网+"行动计划。李克强在政府工作报告中提出，"制订'互联网+'行动计划，推动移动互联网、云计算、大数据、物联网等与现代制造业结合，促进电子商务、工业互联网和互联网金融（ITFIN）健康发展，引导互联网企业拓展国际市场。"至此，"互联网+"上升为国家战略。

阿里研究院在 2015 年发布的《互联网+研究报告》指出："互联网+"的本质是传统产业的在线化、数据化。网络零售、在线批发、跨境电商、快的打车、淘点点所做的工作分享都是努力实现交易的在线化。只有将商品、人和交易行为迁移到互联网上，才能实现"在线化"；只有"在线"才能形成"活的"数据，才能随时被调用和挖掘。在线化的数据流动性

① 于扬. 所有传统和服务应该被互联网改变. 腾讯网[引用日期 2015-07-1].

② 马化腾两会提案大谈"互联网+"，网易[引用日期 2015-06-21].

最强，不会像以往一样仅封闭在某个部门或企业内部。在线数据随时可以在产业上下游、协作主体之间以最低的成本流动和交换。数据只有流动起来，其价值才能得以最大限度地发挥出来[①]。

这里的“在线化”很好理解，互联网始于1969年美国的阿帕网，是网络与网络串连成的庞大网络，这些网络以一组通用的协议相连，形成逻辑上的单一巨大国际网络。这个网络庞大得惊人，如图8.1所示。

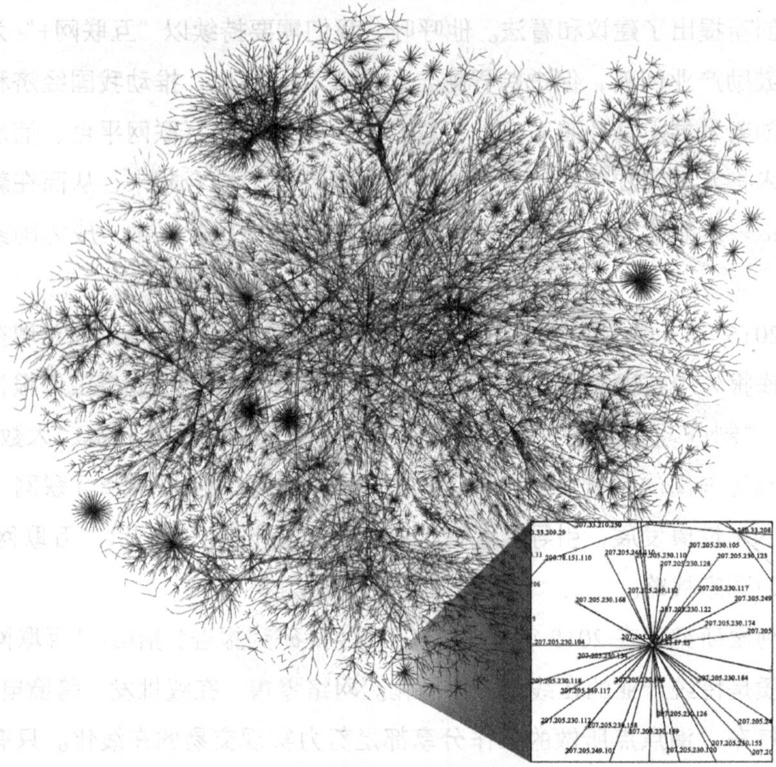

图8.1　互联网路由路径可视化[②]

① 阿里研究院，互联网+研究报告，2015.

② Wiki. Internet. https://en.wikipedia.org/wiki/Internet[引用日期2016-02-03].

2016年1月22日，中国互联网络信息中心（CNNIC）发布第37次《中国互联网络发展状况统计报告》(以下简称《报告》)。《报告》显示，截至2015年12月，中国网民规模达6.88亿人，互联网普及率达到50.3%，半数中国人已接入互联网。同时，移动互联网塑造了全新的社会生活形态，“互联网+”行动计划不断助力企业发展，互联网对整体社会的影响已进入新的阶段。中国企业的日常运营越来越离不开互联网。《报告》显示，截至2015年12月，中国企业计算机使用比例、互联网使用比例与固定宽带接入比例同比分别上升了4.8%、10.3%和8.9%，达到95.2%、89.0%和86.3%。中国网站总数为423万个，较2014年增长了88万个，年增长率达到26.3%。同时，中国网页数量首次突破2000亿个。中国企业越来越广泛地使用互联网工具开展交流沟通、信息获取与发布、内部管理等方面的工作，为企业“互联网+”应用奠定了良好的基础[①]。

而“互联网+”带给传统产业的数据化则有另外一番意义。互联网本身除了是一个物理的网络，还是一个庞大的数据网络。IDC 2013年的一份报告显示，预计到2020年全球数据总量将超过40ZB，这一数据量是2011年的22倍。在过去几年，全球的数据量以每年58%的速度增长，未来这个速度会更快。在互联网时代，企业处于一个庞大的数据空间中，每个经营伙伴、每位顾客、每位员工、每位可能的涉众都是一个数据源，互联网将这些数据源连接到一起，将数据汇聚到一起，从而形成庞大的知识空间，进而催生智能。更关键的是，这些数据多数是免费的，互联网的开放性使得企业可以广泛获取数据，而且只需付出少量的成本。如何利用好这些数据资源成为一个新的挑战。

因此，正如工业4.0的核心是连接与智能（数据），“互联网+”的本质是连接与数据。工业4.0解决的是由内而外的互联和数据驱动的智能制

① CNNIC. 中国互联网络发展状况统计报告（37次），2016年01月22日.

造，而“互联网+”解决的是由外及内的连接和数据驱动的企业业务；二者的结合实现了企业内外部经营环节的融合与互动。企业将内外部数据进行融合、关联，从而获得更加深入的智能，更加具有前瞻性的市场洞察；企业将内外部的数据驱动打通，实现业务的顺畅流动，这才是对“互联网+”价值的最好利用。

“互联网+”的实践风起云涌，极大地改变着经济、社会的面貌，其不竭动力来自于三方面：一是新信息基础设施的形成，二是对数据资源的松绑，三是基于前两方面而引发的分工形态变革①。

8.1.1 “互联网+”的基础设施

“互联网+”仰赖的新基础设施可以概括为“云、网、端”三部分②。

“云”是指云计算、大数据基础设施。生产率的进一步提升、商业模式的创新都有赖于对数据利用的能力，而云计算、大数据基础设施像水电一样为用户便捷、低成本地使用计算资源打开了方便之门。

“网”不仅包括原有的互联网，还拓展到物联网领域，网络承载能力不断得到提高、新增价值持续得到挖掘。

“端”则是用户直接接触的个人电脑、移动设备、可穿戴设备、传感器，乃至软件形式存在的应用。“端”是数据的来源，也是提供服务的界面。

① 阿里研究院. 互联网+研究报告，2015.

② 阿里研究院. 互联网+研究报告，2015.

8.1.2 “互联网+”的新生产要素

就像工业革命带来蒸汽机和机械、电气革命带来电力和电讯一样，“互联网+”也带来了新的生产要素——数据。

英国《经济学人》杂志的创新编辑保罗·麦基里（Paul Markillie）说，“随着制造业步入数字化时代，整个领域将焕然一新。”

历经了近半个世纪的信息化过程，信息（数据）成为独立的生产要素，信息技术的超常规速度发展，促成了信息（数据）量和处理能力的爆炸性增长，人类经济社会也进入了“大数据时代”。

企业里的大数据逐渐变得更普遍也更容易采集，设备监控数据的实时更新、业务数据的日积月累、外部数据的不断涌入，都在不断地产生巨大的数据量。互联网为企业攫取数据财富开辟了新的源泉。经济领域海量数据的积累与交换、分析与运用，产生了前所未有的洞见和知识，极大地促进了生产率的提高，为充分挖掘数据要素的价值提供了超乎寻常的力量。企业可以利用大数据为决策管理奠定基础，将新的业务信号整合到业务工作流程和机器的自动化工作流程中，并通过创新推动业务增长，提高企业利润。

8.1.3 “互联网+”的分工体系

信息技术革命为分工协同提供了必要、廉价、高效的信息工具，也改变了消费者的信息能力，其角色、行为和力量正在发生根本变化：从孤陋寡闻到见多识广，从分散孤立到群体互动，从被动接受到积极参与，消费者潜在的多样性需求被激发，市场环境正在发生着重大变革。

基于互联网的开放环境和部署在云端的制造资源与服务，促进了大规模社会化协同。以企业为中心的产销格局转变为以消费者为中心的全新格局。企业以客户为导向、以需求为核心的经营策略迫使企业组织形式相应改变，新型的分工协同形式开始涌现。

分工体系走向虚拟化和专业化，数据驱动的运作方式直接加速了业务整合和运转的效率；数据要素在各产业部门中的渗透直接促进了产品生产、交易成本的显著降低。这种分工不是简单的“小而散”，与此相反，它是“小而聚“，要求各个协作体之间必须更紧密地互联互通，而这必须依靠互联网和数据。

8.2 “互联网+制造”开创制造业的新思维

2015 年 1 月 27 日，国务院总理李克强主持召开国务院常务会议，决定推动《中国制造 2025》与“互联网+”融合发展。在“中国制造+互联网”上尽快取得突破，实现中国制造迈向中高端。提出要以推进数字化、网络化、智能化制造为抓手，加快构筑自动控制与感知技术、工业云与智能服务平台、工业互联网等制造业新基础，培育制造业新模式、新业态、新产品①。

“互联网+”代表一种新的经济形态，即充分发挥互联网在生产要素配置中的优化和集成作用，将互联网的创新成果深度融合于经济社会各领域之中，提升实体经济的创新力和生产力，形成更广泛的以互联网为

① http://www.e-works.net.cn/report/internet2015/internet.html.

基础设施和实现工具的经济发展新形态。工信部国际经济技术合作中心王喜文提出“互联网+制造”将开创制造业的新思维。[①]总结了制造业从“物理”到“信息”，从“群体”到“个体”，以及互联制造与数据制造的新理念。

其中，“互联网+制造”所体现出的互联制造和数据制造思想尤为重要。

今天，我们身边的很多产品都已开始能够访问互联网，都在不断地网络化。智能手机如此，智能家电也如此，随着汽车渐渐步入自动驾驶时代，或许汽车的作用将仅是一个网络终端而已。就这样，身边的产品不断地网络化，如同系统化的重要意义一样，“互联制造”代表着掌控网络的主导权。而且，从网络外部性来看，率先掌控主导权的企业将长期获取先行者利益。

随着信息技术和互联网、电子商务的普及，制造业市场竞争的新要求出现了变化。一方面，要求制造业企业能够不断地基于网络获取信息，及时对市场需求做出快速反应；另一方面，要求制造业企业能够将各种资源集成与共享，合理利用各种资源。

互联制造能够快速响应市场变化，通过制造企业快速重组、动态协同来快速配置制造资源，在提高产品质量的同时，减少产品投放市场所需的时间，增加市场份额。同时，还能够分担基础设施建设费用、设备投资费用等，减小经营风险。

另外，作为一个未来的潮流，工厂将通过互联网实现内、外服务的网络化，向着互联工厂的趋势发展。随之而来，采集并分析生产车间的各种信息，向消费者进行反馈，从工厂采集的信息通过大数据分析，能够开拓更多的、新的商业机会。经由硬件从车间采集的海量数据如何处

① 王喜文. “互联网+工业”开创制造业新思维，中国经济网，2015 年 3 月 25 日.

理，也将在很大程度上决定服务、解决方案的价值。

随着制造技术的进步和现代化管理理念的普及，制造业企业的运营越来越依赖信息技术。以至于制造业的整个价值链、制造业产品的整个生命周期都涉及诸多的数据，制造业企业的数据也呈现出爆炸性增长的趋势。

随着大规模定制和网络协同的发展，制造业企业还需要实时从网上接收众多消费者的个性化定制数据，并通过网络协同配置各方资源、组织生产，管理更多的各类有关数据。大数据可能带来的巨大价值正在被传统产业所认可，它通过技术的创新与发展，以及数据的全面感知、收集、分析、共享，为企业的管理者和参与者呈现出一个全新的看待制造业价值链的方法。

“互联网+”推动产业组织创新，网络化和扁平化成为企业组织结构的新特征。利用互联网，工业企业生产分工更加专业和深入，协同制造成为重要的生产组织方式，只有运营总部而没有生产车间的网络企业或虚拟企业开始出现。例如，小米公司总部只有研发设计人员，其生产、物流、销售等业务全部外包给合作企业，并通过互联网与合作伙伴进行业务联系，运营着庞大的企业网络。网络众包平台改变了企业的发包模式，发包和承包企业呈现网络虚拟化，承包企业得到了精准遴选，分包项目管理更加精准。电子商务的发展使得企业营销渠道搬到了网上，丰富了产品销售渠道，拓展了销售市场、降低了营销成本。供应链集成创新应用，使每个企业都演化成信息物理系统的一个端点，不同企业的原材料供应、机器运行、产品生产都由网络化系统统一调度和分派，产业链上下游协作日益网络化、实时化。

制造业的互联网化是“生产—销售—消费”协同升级中的一环，其改造动力来源于下游流通端和消费端。下游互联网化程度（在线化、数据化）越高，对上游制造环节的倒逼作用越显著。而互联网作为一种广域的连接工具，完全可以以更低的成本将供应链的上下游连接起来，通过数据协同实现更大范围的供应链协同[①]。

互联网要解决的问题在于更大范围的产业链协同问题，包括生产制造企业与下游的客户，也包括与上游的原材料商、设备制造商之间的协同。不但要柔还要快，快速响应比降低生产成本更重要。快速响应包括产品创新能力、快速交货能力及连续补货能力等。

20 世纪 80 年代以前，所有与服装配套的相关产业，无论是织布厂、染厂，还是缝制工厂，全部都是国有的。那时全国人民穿的衣服几乎是一个款式，甚至是同一花色的。光看染布，一个品类就能染几千万米。缝制衣服也是一样，一个版就能缝制几十万件。因此，在传统服装行业，由于供应链的各个环节之间缺乏实时对接，导致产品信息不能及时反馈，很容易造成热销产品的库存不足、滞销品的库存积压等问题。电商时代，以韩都衣舍为代表的品牌电商，基于互联网思维，打造出了一个快速反应、柔性高效的柔性供应链仓储模式。什么是“柔性”？就是在保证品质与交期的前提下，能够满足件数可多可少的订单。这种模式能够解决互联网品牌“款式更多、更新更快、性价比更高”的要求与生产供应链的“流水线计划生产”之间的矛盾，在保证产品品质和生产成本可控的前提下，实现“多款、多批次、小批量生产”的供应体系。

以韩都衣舍为例，每一款服装的首单都很小，只有计划单量的 30%，也就是三五百件，甚至更少。新款上线后，通过后台数据在最短的时间内分析出爆旺款和平滞款。平滞款会在第一时间打折处理，而爆旺款则会在第一时间追加订单，也就是业内常说的“返单”。因为是爆旺款，返单深度会增加，会是几千件。爆旺款要求货源充足、销售持续，所以要求服装加工商在组织生产的时候，要做到高效，在 7～10 天内将产品送

① 互联网+制造：快速响应比降低成本更重要. http://www.cio.com.cn/eyan/412590.html.

达韩都衣舍仓库。韩都衣舍每年上线近 3 万新款，但返单率高达 40%。这样，每款服装的首单都属于“小单业务”，但返单的时候就变成了“大单业务”。这个时候，品牌商就必须深度介入服装加工商的生产流程。韩都衣舍集团将根据自己研发的 BI 和 SCM 系统的配合，持续产生返单，工厂在接到订单通知后，将立即开始生产。2015 年“双十一”期间，韩都衣舍启动“双十一专项柔性供应链方案”，那些服装款式出现存货不足的情况，将通过快速返单的模式为用户提供足够的货品。“双十一”当天中午 11：45，韩都衣舍产生了第一张返单。韩都衣舍旗舰店 2015 年“双十一”当天总销售额达到 2.844 亿元，比 2014 年增长近 1 亿元。

韩都衣舍“多款少量，以销定产”的大规模 C2B 定制式互联网品牌的特色，加上与之相配套的强大的柔性供应链系统，已经可以保证实现 95%以上的当季售罄率，通过互联网的方式解决了服装行业最头痛的库存积压问题，并且保证比线下低得多的销售价格，充分体现了“互联网+”的价值。

8.3 社区化制造

曾几何时，纽约城（New York City）是美国制造业之都。1950 年，有 100 多万人从事制造业。而今天，这一数目已缩减至仅仅 8 万人，这些人主要受雇于家具、食品加工和曼哈顿（Manhattan）活力四射的服装中心区等专业生产商。然而，在城市企业精神的熏陶下，一个新兴产业破茧而出，这有可能被称为社交制造。

8.3.1 社交化生产方式

社交化生产呈现出高效率、低成本的前景，能够实现更广泛的资源配置，应用领域丰富。作为一种新型生产方式，社交化生产与传统生产方式相比，有图 8.2 所示的区别。

传统生产方式	社交化生产方式
各个生产环节高度专业化	各个生产环节大众化
生产者和消费者之间极少直接交流	生产者与消费者之间互动频繁
中心化的集约式生产	扁平化的分布式生产
生产资源获取范围较窄	生产资源获取范围广泛
消费者不参与产品生产	消费者可直接参与产品生产

图 8.2　传统生产方式与社交化生产方式的区别

社交化生产具有去中心化和以人为本的特征。在传统规模经济下，社会资源集聚于比较优势明显的地区，呈现出高度层级化组织形式，生产活动和生产资源由特定的机构和专业化人员控制。随着互联网的兴起，网络平台和运营商提供了越来越多的各式服务，而这种服务，不再简单地由某个机构或权威人士所贡献，而是通过每个互联网的用户平等参与共同创造的结果，构成了我们今天熟知的网络社会。

随着 Web 2.0 的出现，这种去中心化的现象渐渐成为一种草根化的趋势。百科、博客、网盘、Twitter、Facebook 的出现更是将互联网关系与人际关系融合，每个网民都成为真正意义上的一个独立生产者。不同于传统的分工协作模式，社交化生产强调的是自愿参与，细化的分工到达了前所未有的程度，每个人都可以通过网络与散布在世界各地的协作者组成团队，真正依照兴趣参与产品的制造，匹配独特需求或贡献原创观点。

8.3.2 社交化研发

社交化研发是大众参与的研发，用户参与度高，具备信息反馈迅速、创意广泛、用户黏性强等优势。

Innocentive 创新中心基于企业的研发需要设立，逐渐成为化学和生物领域的重要研发供求网络平台。平台一方面将需求方难以解决的问题分包公布在交流平台上，另一端连接着全球 9 万多名科研人员组成的“解决者阵营”，一旦成功解决问题，解决者可以获得数万美元的酬劳。仅以宝洁为例，平台成功帮助其解决了近半数研发课题，企业研发能力增加了 60%。

小米公司在研发 MIUI 系统时，采用了众包式的社交化组织模式。将不具备研发优势的环节交由论坛上的志愿者完成，形成了版本发布、意见反馈、产品改进的良性机制。参与者能够购买到自己研发的产品，参与感激发了公众研发的兴致，成为产品创新的持续动力。

美国的科为奇（Quirky）公司不断引领科技潮流。该公司的新设计室设在哈德逊河（Hudson river）附近的一家改装过的仓库内。公司的全部家当只有一家小工厂加上两台 3D 打印机、一台激光切割机、几张铣床、一间喷漆房，以及其他寥寥可数的设备。这种样机研究室的企业结构就是科为奇将其他人的创意转化成产品的业务中心。在日益庞大的在线社区的帮助下，科为奇每周推出两种新的消费品，其运营流程如下：用户提交一个点子，如果有足够多的人点赞（如在 Facebook 上），科为奇的产品开发团队便设计出原型。用户在网上对此点子进行评价并且可为其最终的设计方案、包装和市场营销出谋划策，也可协助定价。创意大功告成后，科为奇负责找到合适的制造商；然后在科为奇的网站上销售该产品，一旦需求上升，则推广至零售渠道。科为奇也负责申报专利且规范审批程序，而直销收入的 30%将返还给发明者及其他协助者。迄今，科为奇最成功的产品——蛇形插线板（Pivot Power），售价 29.99 美元，带有可调节插座的延长电线，顾客可在这种可变插座中插上不同类型的充电器，使用起来更加方便。美国密尔沃基（Milwaukee）的杰克•子恩（Jake Zien）在提出这一创意时还是个高中生，他把点子提交给科为奇后，在社区总计 709 人的协助下，该产品得以面市，并迅速售出了 20 余万个。子恩先生从中获利 12.4 万美元。通过网上社区这一智囊团为公司产品发展运筹帷幄，科为奇可快速确定产品是否有市场，并在投产前拟订合理的价格。该公司的许多产品的生产都外包给亚洲国家来生产，尤其是中国。科为奇公司的本•考夫曼（Ben Kaufman）说，这种将设计转化成产品的快速反应令其他地方的竞争者望尘莫及。科为奇希望能在美国制造出更多的创意产品，因为公司已品尝到了这一制造科技所带来的甜头。考夫曼先生说："你站在一台生产出几十万产品的机器旁所产生的创意比你在离机器数千英里以外凭空想象出的点子要多得多。你的大脑一刻不停地在思考，还有哪些东西可以设计出来给这台机器生产？"

8.3.3 社交化制造

社交化制造运用社交工具改造制造方式与企业组织形式，适应多样化需求，提升企业管理水平，提高效率。

现代制造业注重横向发展，不同的公司负责不同的环节，协作完成产品。传统制造业企业内部通过社交工具推动企业内部高效的沟通、分享与协作，属于社交化管理的范畴。国内海尔集团、新都化工、耐德工业、微特电子已经通过企业社交化协作的改造提高了生产效率。在这种模式下，传统的生产模式可以保留，改变的是协作模式。

3D 打印不需要模具，适合社交化设计和其对应的社交化制造。目前，3D 打印可应用于原型制造，冲模、手板等模具相关物品的制造，以及在航空和军工领域的飞行器结构件制造等。商业模式以在线 3D 打印为主，迅速兴起。法国一家 3D 打印公司推出了一项服务，这项服务就让用户设计自己的 iPhone 手机壳。用户可以从 5 个可用的模板（更多的模板还在制造中）中选择一个，然后通过调整外形、转换颜色或添加图片和文本实现定制设计，整个过程花费不到一分钟，而这一切都是在互联网上完成的。公司接到订单后，开始进行生产——就是利用 3D 打印机打印。欧洲客户将在 2 天内拿到手机壳成品，北美用户则需要 4 天。这款产品售价还不到 15 美元，完全具有市场竞争力。

8.3.4 社交化测试

社交化测试可以有效降低测试成本，分散产品缺陷的风险，增加用户黏性。

软件和游戏的公测可以看作一种社交化测试。公测阶段，就会有相当一部分玩家参与进来，这个时候，游戏已经基本定型，也就是处于正式推出的最后阶段的测试。实际上就是听取玩家的意见和反馈，以便为今后纠正错误做统计和准备，纠正错误一般采取出补丁的方式。

魅族是手机行业较早采用社交化测试的企业，不同于三星诺基亚通过推出新机型来解决上一代机器的缺陷问题，魅族采用社交化测试，企业往往组织社区，拥有一批忠实度较高的用户粉丝。当新产品发布时，这些粉丝总会热衷于申请“公测版”或“体验版”的未定型产品，而厂商则不仅降低了产品缺陷率——改版的风险，而且增加了社区用户的黏性。

8.4　云端制造

现代制造的组织形态呈现出一种天生的“云态”，即由分散的、彼此松散的制造协作体构成类似云的组织架构，共同完成制造过程，实现对市场机会的响应，并在完成制造任务以后解体，还可以根据需要重新组合。

“云态”体现在制造的不同业务环节中，围绕制造的全生命周期，从设计、制造到维护，都离不开广泛的合作。在设计领域，由多学科、多组织优势联合，组成协同设计虚拟组织，有效攻克复杂产品设计难题已经成为一种常态。在生产环节，全球化分工造就新的生产模式，按需提供生产能力，灵活应对市场。大批产业集群体现出凝聚效应，通过专业分工和协作使产品的生产成本迅速下降，集中体现产业集群竞争力，形成由若干云颗粒聚合成的“无形大工厂”。以工厂、设备、人工、技术为资源，服务制造全过程的“制造即服务”不断出现，改变了传统制造的投资和组织模式[①]。

软件定义、数据驱动的智能装备将构建云端制造的基础。沈阳机床集团推出了拥有完全自主知识产权、世界首创的平台型机床 i5M8，“i5”是工业化、信息化、网络化、智能化、集成化（第一个英文字母均为 i）的有效集成，使机器更加智能，让机床成为智能终端，实现人机对话、

① 孟祥旭，刘晖，武蕾，潘丽. 云制造模式与支撑技术. 山东大学学报（工学版），2011.Vol.41(5):13-20.

机机对话，“指尖上的工厂”、“口袋工厂”从想象成为现实。人们普遍认为，“i5”将成为未来基于互联网生产方式的重要载体。支撑i5远程管理的背后有一个庞大的“i5云制造平台”。它将i5智能机床实时连接在互联网上，实时分析和运用这些数据。

沈阳机床集团本不擅长大数据处理，可它擅长寻找合作伙伴。2015年9月，沈阳机床集团携手神州数码、光大金控在上海联合创建了智能云科公司，建立起智能工业数据大平台，为客户提供在线技术解决方案。

有了这个平台，机器与机器、人与机器都实现了互连。消费者或经销商可以通过云平台在线下单定制产品，平台可以根据订单要求，根据参与生产企业的生产能力、设计能力、设备闲置情况、效率优势等因素，挑选最佳匹配的生产企业，实现订单共享等云服务。

据了解，如今i5机床订单中有七成客户采用租赁方式，按小时或按加工量收费，有的行业一台机床开机一小时只收10元钱，大大降低了企业的一次性投资。

同时，从沈阳机床的服务系统中打开一个操作软件，对应的i5机床的状态便可看得清清楚楚。机床是不是在工作，加工什么，工作量如何，耗电量多少，这些数据一目了然。这样，按使用时间或创造价值收费就成为现实。同时，一台台连网的智能机床也为智能化的社会生产和个人定制提供了可能[①]。

---

① 中国机床商务网. 沈阳机床 i5 智能机床创新带来盈利模式的巨变. 2016年05月05日. http://www.jc35.com/News/Detail/50139.html.

第9章

传统企业的数据化之路

9.1 向数重生

数据就在那里，生生不息；你用了，就能获得洞察与先知；你不去用，别的企业、竞争对手也许会去用；人未动，而胜负已分[①]。

每一轮经济寒冬，传统企业都会面临转型之困。IBM 前董事长郭士纳曾撰书《谁说大象不能跳舞》，记录蓝色巨人这头大象如何成功转型，将过去以封闭的 IBM 主机体系为代表的硬件产业链结构转型为软件服务，热烈拥抱互联网时代的到来。从技术价值向服务价值转移，专注于特长更多、优势更大、利润最丰厚的 IT 服务市场，使得 IBM 的软件服务资产优势更加明显，从而重新焕发活力。

今天，面临“互联网+”和大数据双重机遇与挑战的传统企业，如何抓住机会？只有逆流而上，利用好数据技术这柄利刃，才能开辟新的天地。

坐落于青岛的红领集团本名不见经传，近几年却异军突起，引领企业数据化转型的潮流。红领董事长张代理有一个形象的比喻：红领的工厂就是一台大的数字化 3D 打印工厂，数据驱动，人机结合。从数据的输入到整个西服最后生产出来，大概要经过 300 多个工序。

十几年前还没有大数据的概念，但红领一直在做数据积累的工作。如今红领拥有超过 200 万名的顾客个性化定制数据，包括版型、款式、工艺和设计数据。西装数据建模打版过程涉及很多细节，由于一个数据

① 刘士军，王兴山，王腾江. 工业 4.0 下的企业大数据——重新发现宝藏. 北京：电子工业出版社，2016 年 1 月.

的变化会同时引起 9666 个数据的同步变化，目前，红领的数据平台已具有百万万亿级别的数据规模。基于过去十年累积的数据，红领研发出了一个个性化定制平台——（红领西服个性化定制 Redcollar MadeTo Measure，RCMTM），建立起一个人体各项尺寸与西服版式形状与尺寸之间的数据库。

红领生产的第一步是准确收集消费者的需求，而不是由企业预测需求。红领的合作伙伴会在自己的店里给顾客量体，花 5 分钟时间采集 19 个部位的 21 个数据。然后给顾客推荐，这件衣服应该配什么样的扣子，领口是否应该斜一点等。最后，把数据发给红领。

第二步是通过数据化和自动化完成服装生产。这个过程包括三个环节：造型设计（即款式图，包括款式、面料、色彩等的表达）、结构设计（也叫制版、版型处理或打版，确定每个部位的具体规格尺寸）、工艺设计（也叫车位，是一件成品的缝制过程）。

在结构设计环节实现了数据化。红领根据十几年的服装定制经验，在人体三维数据与布片二维数据之间建立对应关系，变成数据库，并不断添加、优化。当订单传到红领，全自动制版系统就会从数据库调出数据，1 分钟就可以输出一个非常个性化的版型，然后进行布料裁剪。

在工艺设计环节实现了自动化。在红领的生产车间，每个工位都有一个显示终端，工人将布料上所挂的 RFID 识别卡一刷，终端就会告诉工人这件西装该缝什么扣子、用什么颜色的线、如何缝制等，工人按要求完成就行了。

红领花了十多年的时间，对传统产业的转型升级进行了艰苦的探索与实验，现在已经完成了红领模式的实践。该模式将 3D 打印的逻辑和思想用在生产过程中，依靠数据驱动生产，人机结合作为辅助，充分发挥智能制造深层融合，以工业化手段和效率生产个性化产品，实现个性化定制的大规模工业化生产，从而增强了企业的市场竞争力。

从红领的例子可以看出，传统企业向数据化转型并非无章可循，关键是企业的数据意识与持续努力。

不独红领，大量的传统企业通过转型走出红海搏杀的泥沼，跨入数据化之路。华北地区有一家水泥企业，他们选择从水泥的生产制造过程智能化进行突围。在很多人看来，水泥企业是非常传统的制造企业，向高端化、智能化、服务化转型时，方向应该是把水泥的标号做得更高，向全产业链渗透，提供更丰富的混凝土产品。但事实上，水泥企业的数据化转型同样可以另辟蹊径。众所周知，水泥生产制造过程通常伴随着高能耗、高污染，如果能够使其生产工艺进一步提高，就能够更好地对生产过程控制；优化其能源模型，就能够实现高效、高品质、低能耗的制造。这家水泥企业布局传感设备，对关键生产指标进行自动采集、实时监控；利用仿真技术，研发、优化相关的生产模型、能源模型，让整个生产过程变得更高效、更节能。他们研发出了一套“水泥生产线全范围数字化管控技术”，让企业的生产效率和产品品质大大提升，能耗大幅下降。同时，他们还把这套管控技术商业化，成立了专门的软件公司，为国内其他同类型的水泥企业提供全方位的数字化解决方案。现在，这家水泥制造企业已从传统制造企业演变成为 IT 软件企业，开始提供水泥 IT 服务[①]。

这两个案例展现了传统企业数据化的脉络。事实上，企业的信息化基础不同，企业的眼界也不同，企业的数据意识也不同，因此所处的数据化阶段也不同；但是，无论处于哪个阶段，企业都可以找到数据化的切入点，立刻得到数据化带来的价值提升，而不需要等待全面数据化成熟才动手。

根据企业所采用的数据的丰富程度和数据分析深度的不同，企业在

① 冯国华. 因地制宜 打造大数据驱动的智能工业. 中国电子报，2015 年 3 月 6 日.

数据化的进化过程中可能处于以下四个不同阶段，见图 9.1。

- 单元数据应用企业。处于早期的传统企业，运用结构化数据进行统计，仅形成简单描述性分析。
- 数据分析型企业。在前一阶段的基础上，部分传统企业高度重视科技投资，建立和获得了更加广泛的数据源。
- 数据驱动企业。企业在获得多样化数据源的大数据基础上实现了预测性分析，并或多或少地取得了商业效果。
- 数据化企业。完全以数据分析驱动的企业，从多种传统和新兴业务中战略性地采集多种结构化和非结构化大数据，并分析形成预测和行动建议，指导企业常规运作。

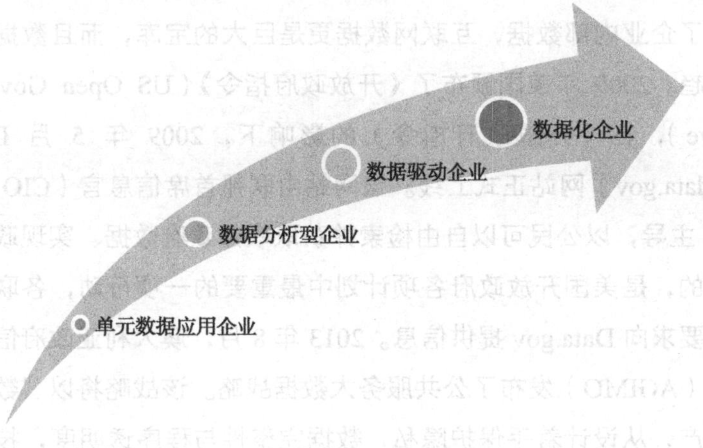

图 9.1　数据化企业成熟度阶段

9.2　数据、智慧、分享经济

数据是一种源源不断、生生不息的资源，传统企业有很多获取数据的机会，但是过去这些数据没有被重视，没有被利用起来。2015 年，中国游客去日本疯抢马桶盖的新闻让中国制造业颜面大失。实际上，浙江的一些马桶盖制造商已经走得更远，他们做出了针对个人数据收集的智能马桶盖。通过在马桶盖上安装各种传感器，可以每天采集个人的健康信息，血压、血糖甚至更专业的数据，这样，马桶盖就成了一个个人健康数据采集终端，这些信息可以上传到网络，进行实时的健康分析，可以对个人健康进行预警。类似的例子还有很多，如在家庭按摩椅上安装传感器，也可以起到类似的作用。传统的血压计，如果加一个数据采集和上传端口，就可以把每次测量的结果传输到网络中，既可以形成个人血压数据的历史记录，也可以交由专业的诊疗机构进行评测，给出诊疗建议和预警。

除了企业内部数据，互联网数据更是巨大的宝库，而且数据开放是大势所趋。2009 年美国颁布了《开放政府指令》（US Open Government Directive），在《开放政府指令》的影响下，2009 年 5 月 Data.gov（www.data.gov）网站正式上线。该网站由联邦首席信息官（CIO）Vivek Kundra 主导，以公民可以自由检索并获取联邦政府数据、实现政府透明化为目的，是美国开放政府各项计划中最重要的一项行动，各联邦政府机构被要求向 Data.gov 提供信息。2013 年 8 月，澳大利亚政府信息管理办公室（AGIMO）发布了公共服务大数据战略。该战略将以“数据属于国有资产，从设计着手保护隐私，数据完整性与程序透明度，技巧、资源共享，与业界和学界合作，强化开放数据”等六条大数据原则为支撑，旨在推动公共行业利用大数据分析进行服务改革，制定更好的公共政策，保护公民隐私，使澳大利亚在该领域跻身全球领先水平。预计这六条原则将极大地提高生产力及创新收益，并协助政府解决各种难题。

Data.gov 上线以后，美国交通部开放了全美航班起飞、到达、延误的数据，有程序员立刻利用这些数据开发了一个航班延误时间的分析系统（Flyontime.us）。该系统向全社会免费开放，任何人都可以通过它查询分析全国各次航班的延误率及机场等候时间。这个系统上线之后，由于其简单、实用，获得了全美多个新闻报刊的报道和关注，成为很多人乘机、候机的行动指南。

在 2015 年的两会上，李克强总理明确表示，政府应该尽量公开非涉密数据，以便让这些数据更好地服务社会，也为政府决策和监管服务。这是中国政府首次正式公开表态支持大数据。

上海目前有 15 条轨交线、1377 条公交线，日均客运总量超过 1500 万人次，再加上出租车和各类社会车辆，这个城市每时每刻都在产生着海量交通数据。但此前开放的 24 个与交通相关的数据集基本都只包含静态数据，即类似于路边监控摄像头位置、公交车首末班车时间、车管所地址等无须经常更新的数据，但究竟摄像头拍到了什么、停车场当时有几个车位、地铁车站即时人流量等动态信息尚未公开。

在 2015 上海开放数据创新应用大赛（Shanghai Open Data Apps，SODA）上，上海首次向社会开放了超过 1000GB 的交通信息数据，希望通过"众创+大数据"开发出"互联网+"新产品，破解交通难题。此次上海对外开放的交通相关数据就包括交通事故数据、出租车实时轨迹、公交与地铁列车运行情况、交通卡刷卡数据、全市交通拥堵指数、PM2.5 浓度、降水量等。这些数据中的大部分在国内其他省区市还没有对外开放的先例。国内外"互联网+"爱好者通过初选，就可接触到原本只有少数机构才能接触的核心交通信息。从参赛方案中，有关部门将评出若干优秀方案予以重奖，并引导天使投资、孵化器对团队进行培育。可以说，这是一个借助"众创+大数据"模式解决城市管理问题的典型案例。

《中国分享经济发展报告（2016）》指出，以小猪短租、滴滴出行为代表的中国本土企业正在全面推动分享经济在中国的发展，领跑全球分享经济。报告显示，2015 年中国分享经济市场规模为 19 560 亿元，中国参与分享经济活动总人数目前已经超过 5 亿人。预计未来五年，中国分享经济年均增长速度在40%左右，到2020年，分享经济规模所占GDP比重将达到10%以上。2015年中央文件中首次出现“发展分享经济”，到刚刚出炉的2016年《政府工作报告》里提出“促进分享经济发展”、“支持分享经济发展，提高资源利用效率，让更多人参与进来、富裕起来”。分享经济已经来到时代的风口。3月3日，腾讯CEO马化腾在2016年两会的提案中反复强调共享经济，并大胆预言：共享经济将成为促进经济增长的新动能。

分享新鲜事物，世世代代以来，人们一直都是这么做的。但在数据时代，分享成为不那么难实现的事情。分享型经济理念中引入了易于使用的数字技术，如基于位置的GPS系统和随时随地可以发送消息的移动互联网，可以帮助人们迅速地发出对商品和服务的请求，并做出回应。

数据是支持分享型经济的技术架构中的一个组成部分。参与者可以自由地分享其数据，让别人知道他们的需求，而大数据算法被应用于根据存在闲置产能的领域提出相关建议，从而满足需求。数据是产能计算、社交媒体整合和数字技术交互的基础，这三者加在一起使根据需要获取事物成为可能。

另外，数据也是初创公司能轻松加入分享型经济的关键所在。得益于可以迅速分析和预测需求的数据分析，以及根据需求扩大或缩小数据和应用的云计算服务，进入市场的成本和时间降至最低。数千家初创企业纷纷涌入这个领域并寻找支持它们事业的资金，这毫不奇怪。传统企业也可以通过分享经济搭上数据化之路的快车。

宝马在去年推出以其电动汽车为特色的DriveNow汽车共享服务。这项服务很像同类其他服务：需要用车一个小时或一天的司机使用数字技术分享有关他们目前所在位置、想要的汽车类型和目的地等数据。一旦他们在附近找到一辆符合其要求的汽车，就可以把车子开走，等他们用完之后，再将车子送回原地或放在另一个汽车共享地点。

这是有关数据如何帮助实现分享型经济的典型案例。它表明的另一点是，主流公司如何自我调整，从而适应新的形势。在这里，真正具有变革意义的是，汽车共享服务由某个行业——汽车制造和销售的某家公司提供，该行业的业务将被汽车共享抢走。然而，宝马却接受了它，并将它视为一次机遇，而不是竞争或抵制。采用分享经济的思维，该公司正努力将同一辆汽车共享 1000 次，而不是试图销售 1000 辆宝马汽车。

互联网家装平台谷居网的定位是一个连接用户和设计师的平台，他们走的是一种通过数据积累打造的技术驱动型的路线。亿欧网设计师则采取免费入驻平台的模式，同时也是互联网整体家装平台，为业主提供设计、装修、软装、建材、家居一站式服务。目前谷居网已经有 9000 余名设计师，遍布全国各地，以分享经济的轻模式来构成线上优势。在体验环节，谷居网在成都和广州都有自建的体验馆，并且通过“你我家”的 VR 虚拟现实系统来完善用户体验，辅助确定设计方案。在实现环节，主要是购买转化，根据在虚拟现实体验中定出的方案开始施工，打造互动式家装货架以提高转化率，优化 SKU，整合供应链。还有一个重要的点，“你我家”通过为“开发商”打造虚拟样板间入驻“售楼处”，可以免费获得“精准流量”，获取用户①。

9.3　众需、众包、众创

在互联时代下，如何满足用户的多元化需求成为各大产业积极求变的新常态。中国工程院院士、西安交通大学卢秉恒教授在 2014 年提出了

---

① 鲁红卫，谷居栾添昊. 数据技术驱动型共享经济背后的商业逻辑. http://www.iyiou.com/p/20908.

一种新型的制造模式，叫集散制造。它实质上是在信息充分互联条件下，以集成各种需求、创意和资源为依托的一种泛在制造形式。集散制造模式的特点可以用六个字形容："众需、众创、众包"。

"众需"——通过信息交互平台将小众的需求甚至个性化的需要集成为大的订单；

"众创"——将复杂的设计任务分解成众多工程师、创客的共同设计；

"众包"——将分散的设计资源集成一个大的能量，将分散的制造资源集成一个虚拟的、没有围墙的但生产能力无限的企业。

"互联网+"背景下，"众创、众包、众扶、众筹"（以下统称四众）等"大众创业，万众创新"支撑平台快速发展，新模式、新业态不断涌现，线上线下加快融合，对生产方式、生活方式、治理方式产生了广泛而深刻的影响，动力强劲，潜力巨大。如何汇众智、搞创新？可以通过创业创新服务平台聚集全社会的各类创新资源，大幅降低创业创新成本，使每一个具有科学思维和创新能力的人都可参与创新，形成大众创造、释放众智的新局面。

分析这些模式，不难发现其核心是采用"众"思维和"众"参与，"以众智促创新"。例如 Uber 没有一部车，却是全球最大的出行公司；Airbnb 没有一家酒店，却是全球最大的酒店公司；百度原来在虚拟世界寻找信息，现在索引真实世界，连接人和服务；众包、O2O（线上线下融合）、众筹等"众"模式的电子商务应用层出不穷。宝洁公司、海尔公司纷纷基于互联网等方式和平台提供开放共享服务，集聚各类创新资源，吸引更多的人参与创新创造。例如，宝洁公司目前有 9000 多名研发员工，而外围网络的研发人员达到 150 万人，它就是利用网络智囊团的形式来解决企业在研发过程中遇到的各种难题。

1. 众创激发设计灵感

2016 年 2 月 1 日，海尔的一款众创定制产品——净水洗热水器上市 21 天便迎来了 1 万台的销量。

用户需求是企业研发的向导，海尔热水器在网上收到了 30 万网友对“洗澡水不干净”的抱怨，与网友众创互动后，海尔热水器研发出了净水洗热水器产品系列，这第 1 万台净水洗热水器是该系列的最新产品，不仅能够消除洗澡水中的细菌，还能去除自来水中残留的氯和泥沙，实现了全程净化。净水洗热水器新品内置的 0.12mm 超细微不锈钢滤网能阻隔泥沙、铁锈、胶体、杂质等有害物质，用户日后可以不用再清洗内胆。而这款产品也是海尔热水器研发人员在接受了网友的意见之后研发的。

在网上投诉海尔的网友一定不止这 30 万人，去海尔的官网上看看客户反映的问题：有人希望热水能保持恒温、有人反映海尔热水器太贵……但这 30 万人一定占了总投诉人数的大部分，因此统计学发挥了作用，简单的汇聚手段便得到了群体的决策：洗澡水不干净，希望热水器有进水功能。

群体的智慧轻松地帮海尔的研发人员解决了新产品的创意问题。研发人员现在只需将精力大量集中在技术问题的解决上即可。无疑，这大大提高了效率。

这一切源于海尔近几年推动的众创革新。海尔众创意（idea.haier.com）（见图 9.2）是海尔创新设计中心搭建的创意设计互动平台。通过创意奖励计划，激发用户不断产生创意设计，通过平台与全球设计师、创客、用户开展合作。

图 9.2　海尔众创意平台（idea.haier.com）

2. 众创让生产更加顺畅

在众包模式下，企业抛弃功能化、过程化和实体化的固定特征，分解产业链，公众参与模块化生产，开放企业边界，突出企业核心能力和对众包网络的协调与控制，降低组织成本，提高企业效率。

2015 年年底，700Bike 与京东金融联合发起了“后街 MINI 自行车众创活动”——“后街 MINI”是以 700Bike 主打产品“后街”为底版设计的一款更具时尚属性的小轮自行车，与大众所熟知的众筹成型产品不同。所谓众创，指的是从设计、定制到生产过程，甚至价格环节，均由用户主导。

具体而言，用户可以通过一个 H5 页面在线选择自己心仪的后街 MINI 的款式、配置与颜色（共有 3 大车系、40 款车型、10 种颜色等配置可选），每位用户定制完自己的车之后，将在京东金融尖儿货平台进行“海选”，点赞票数高者将进入京东众筹，再由 700Bike 投入生产和上市。据京东金融介绍，自活动上线以来，短短几天，H5 参与人数就已过万，而从尖儿货平台的点赞情况可以看出，设计简洁、灵巧时尚的小轮车更易受到用户青睐，这也体现了如今小轮车发展的潮流趋势，要知道，在日本等国，颜值与易用性兼备的小轮车已成为不少年轻人穿梭于城市道路的首选交通工具，而深谙自行车市场的 700Bike 则希望将这种潮流和产品通过众创的手段带到中国。

在 ZARA 的门店里，柜台和店内各角落都装有摄影机，店经理随身带着 PDA。目的是记录其顾客的每个意见，如顾客对衣服图案的偏好、扣子的大小、拉链的款式之类的微小举动。店员会向分店经理汇报，经理上传到 ZARA 内部全球资讯网络中，每天至少传递两次资讯给总部设计人员，由总部作出决策后立即传送到生产线，改变产品样式。

关店后，销售人员结账、盘点每天货品上下架情况，并对客人购买与退货率做出统计。再结合柜台现金资料，交易系统做出当日成交分析报告，分析当日产品热销排名，然后，数据直达 ZARA 仓储系统。

除此之外，ZARA 同时在六个欧洲国家成立网络商店，增加了网络巨量资料的串连性。

收集海量的顾客意见，据此做出生产销售决策，这样的做法大大降低了存货率。同时，根据这些电话和计算机数据，ZARA 分析出相似的“区域流行”，在颜色、版型的生产中精准地找出目标市场。

此外，线上商店除了交易行为，也是活动产品上市前的营销试金石。ZARA 通常先在网络上举办消费者意见调查活动，再从网络回馈中撷取顾客意见，据此改善实际出货的产品。

这些顾客资料，除了应用在生产端，同时被整个 ZARA 所属的英德斯（Inditex）集团各部门（包括客服中心、行销部、设计团队、生产线和通路等）运用。根据这些巨量资料，形成各部门的 KPI，完成 ZARA 内部的垂直整合主轴。

依靠大量数据，在 ZARA 的供应链中，从打版到出货只需短短的两周。生产流程的优化带来的是实质上的绩效提升，ZARA 平均每件服装价格只有 LVHM 的四分之一，但是，回看两家公司的财务年报，ZARA

税前毛利率比 LVHM 集团还高 23.6%。

3. 众创商业机会

并不是所有用户都愿意毫无保留地贡献自己的信息，也许他们很乐意为你提供一两条建议，但若想打听更私密的信息，如个人信息，许多用户会相当排斥。

因此期待群体给出指示的企业需要用一些小伎俩去从用户身上获取这些数据，企业这种迫切需要建立和客户的亲密关系的动机，驱使着企业开发新的商业模式。

耐克公司将其运动鞋变成可穿戴设备，并利用“Nike 跑鞋或腕带传感器”等产品将用户的健身数据连接到 Nike+社交网络。运动者只要穿着 Nike 的跑鞋运动，耐克鞋就会对他的训练数据进行记录，包括运动时间、距离、消耗的热量等。iPod 就可以存储并显示运动日期、时间、距离、热量消耗值等数据，用户上传数据到耐克社区，可以同好友分享讨论。社区成员可以对这些数据进行比对、分析，从而为自己的训练进行有针对性的调整。

耐克通过产品建立起的用户社交网络使用户自然地向耐克提供自己的健身数据。随着跑步者不断上传自己的跑步路线，耐克由此掌握了主要城市最佳跑步路线的数据库。甚至，耐克还掌握了跑步者最爱听的歌是哪些。

设想耐克若想组织一场环市马拉松，以推广公司的新产品，收集的数据将对活动的组织和策划起到巨大的帮助作用。同时，海量的数据对于耐克了解用户习惯、改进产品、精准投放和精准营销也起到了不可替代的作用。

4．众创简化维护

美国惠普（Pratt&Whitney）飞机发动机公司在最近生产的飞机发动机中加入了很多新型的监测技术，并集成了自我诊断系统，它们能够产生详尽的信息配合地面分析系统使用，从而提前几个月就可预测发动机是否需要进行维护。这为各航班安排发动机的维护计划提供了方便，从而降低了检查和维护成本，而以往发生故障时，仅确定故障原因就要很长的时间。发动机的自我监测/诊断系统与地面分析系统相结合，大大减少了意外事故的发生，如航班误点、航班取消和飞机中的发动机故障停机事故等。

在电梯制造业，OTIS 作为世界上最大的电梯制造公司，以其所采用的 REM（Remote Elevator Maintanenence）技术，每年能节省 5 亿美金的维护费用。

第 10 章

天生数据化的互联网企业

对传统行业来说，也许“互联网+”是发展机会；但对新兴的“互联网+”新业态而言，互联网就是一种生存能力。新生代的互联网公司一定要跟得上时代发展，“互联网+”公司要成功，第一，要有大规模的潜在用户量，如互联网医疗，做疑难杂症显然不如做平常的感冒或急诊的潜在用户量大；第二，要有高的使用频次，周末郊游显然不如日常出行打车的使用频次高，所以才有“滴滴”等网约车的成功；第三，要解决真正的刚性需求，应用对用户而言，要做到雪中送炭，而不仅是锦上添花[①]。

10.1　互联网企业的天生数据化

互联网公司具有天生的数据化特征。美国短租网站 Airbnb 的全称是 AirBed and Breakfast （"Air-b-n-b"），中文名为“空中食宿”。“空中食宿”是一家联系旅游人士和家有空房出租的房主的服务型网站，它可以为用户提供各式各样的住宿信息。Airbnb 成立于 2008 年 8 月，总部设在美国加州旧金山市。Airbnb 的用户遍布 190 个国家近 34 000 个城市，发布的房屋租赁信息达到 5 万条，用户可通过网络或手机应用程序发布、搜索度假房屋租赁信息并完成在线预定程序。2015 年 2 月 28 日，正在进行新一轮融资，而估值将达到 200 亿美元。

Airbnb 创始人特别具有前瞻性，大数据的热潮决定了数据是有竞争优势的，但这一般是公司到成熟期才会重视的部分。Airbnb 初创时期只有很少的数据，但已经有专门的数据团队开始承担起与数据相关的工作。

① YOCSEF 济南. 听互联网大咖讲企业转型痛点：互联网，何以+?. 齐鲁壹点. 2016 年 9 月 28 日. http://www.ql1d.com/news/show/source/app/id/811533.html?from=groupmessage&isappinstalled=0.

Airbnb 建立了人性化的用户数据特征，用户在网站上的一个动作或事件的记录，在大多数情况下反映了一个人做出的决定，如果能找出做出这个决定之前用户的行为，这是用户在用间接的方式告诉你他们喜欢什么、不喜欢什么。Airbnb 的数据团队用统计数据来了解个人的经验，汇总这些经验，以确定整个社会的发展趋势，这些趋势告知公司该从哪来驱动业务决策。随着时间的推移，公司其他部门的同事们认识到，数据团队代表的是所有用户的声音，这让数据科学在 Airbnb 的结构中占据了重要的地位。

10.1.1 小"小米"，大数据

小米公司成立于 2010 年 4 月，是一家专注于智能产品自主研发的移动互联网公司。成立仅不到 6 年，小米手机在 2015 年出货量就超过 7000 万部，TrendForce 全球份额占第四位。

小米公司首创了用互联网模式开发手机操作系统、发烧友参与开发改进的模式。在 2016 年的小米年会上，小米科技联合创始人洪锋宣布："小米 MIUI 联网激活用户数已经达到 1.7 亿，包括 37 种官方语言版本，遍布 156 个国家和地区。"在 2012 年，MIUI 用户首次突破 1000 万个，在之后的每一年 MIUI 用户都有 2000 万的增长量，而到了 2015 年，MIUI 用户数再增 3000 万，突破了 1 亿，而到了 2016 年，MIUI 用户数已超过 1.7 亿。凭借 MIUI 平台巨大的移动互联网的流量份额，小米正在一步步地实现"硬件导流、软件搭台、服务盈利"的商业模式。

而早在 2015 年 9 月份，小米云服务已经存储了超过 500 亿张用户照片，数据量超过 100PB，未来可能会突破 1000PB，MiPush 设备连接量

过亿。基于手机云+智能家居+可穿戴设备+小米电商用户购买行为数据进行挖掘分析，定制用户画像，实现跨设备多服务的个性化推荐。例如，结合小米手机庞大的用户量，基于个人全维数据的用户画像，小米金融可为用户提供更加精细的个性化金融服务方案，针对不同人群实现贷款业务，想象空间巨大。

10.1.2 量化的鸡尾酒与数据驱动的品牌

“一杯完美鸡尾酒的核心，首要来说，取决于调酒师对冰块的理解力。在调酒的规程中，处理冰块的状态至关重要，如同做菜的火候，它是永远不能被量化的。即所有的原料按照精确的计量混合在一起，但在摇晃的那一瞬间冰块在时间、形状上的各种变化就决定了这杯鸡尾酒的不同品质。”正宗鸡尾酒的魅力就在于其丰富的层次感，这种层次感来源于混搭原料酒的精确配伍。

那么，如何创建一个有格调的鸡尾酒品牌呢？互联网时代的“安的鸡尾酒”给出了数据驱动的品牌构建之路。

安兴华，毕业于清华大学。后赴美留学，成为谷歌地图技术总监，却无意中得承美国调酒师三十余载的调酒技艺。历经十年以上西海岸调酒生涯，安兴华意识到中国女人应该有自己的酒文化，毅然回国创建“安的鸡尾酒”，只为倾心调制一杯中国女人的鸡尾酒。他将美国酒吧调酒师调出来的鸡尾酒装在精致的瓶中，让每个女生随时随地随心享受原汁原味的佳品[①]。

品牌创立之初，安兴华首先想知道以下三个问题：

（1）如何了解产品是否有真实的市场需求？

（2）如何获取目标用户群体特征？

（3）如何定价？

传统的市场调研方式通常是发放问卷或对用户进行访谈，而安兴华很好地利用了互联网这一工具，他找到百度联盟。安兴华制作了一个无法真正完成购买行为的测试网站，加入百度联盟，让百度联盟在网站上发布广告，搜集用户的需求信息。通过大量数据，他们得到了以下分析结果：

- 0.4%广告点击率，业界均值 0.08%；
- 8%购买点击率，业界均值 2.5%；
- 女性购买占比 68%，男性占比 32%；
- 北上广购买占比 80%以上；
- 不同价格购买点击呈均匀分布。

发现鸡尾酒相关广告点击率和购买点击率远高于均值，女性购买者占了七成，购买者主要集中在北上广一线城市，不同价位的购买点击量呈均匀分布。这些数据说明鸡尾酒的市场需求是极大的，尤其是在一线城市，女性也确实是消费的主力人群，并且客户并不是一味地追求廉价。这也让安兴华确定了鸡尾酒的市场需求足够大，尤其是推出一些针对女性消费者的产品，将会非常受欢迎。

鸡尾酒这种产品的外观是极其重要的，优雅的外观设计能在第一时间吸引消费者的眼球。有了酒的设计以后，安的鸡尾酒还需要一款优雅

① 中国网．安的鸡尾酒：用一杯酒讲述一个故事．2015.3.26．http://gx.sina.com.cn/edu/jiuye/2015-03-26/15017832.html.

的瓶子，设计师提供了几种瓶身设计（见图 10.1），如何选择呢？

图 10.1　安的鸡尾酒瓶身设计选择

安兴华认为，重要的是消费者喜欢哪种瓶身设计，而不是自己喜欢哪种。同样需要用数据说话，他设计了一个微信上的性格测试，将哪种瓶型更美观作为一道题放在了测试中，通过微信好友间的相互转发。仅一小时就获取了两万多份答案，而实际上半小时的时候答案已经收敛，在三种酒瓶设计中，最终中间的酒瓶因被更多用户喜欢而胜出，如图 10.2 所示。

图 10.2　被用户选择的最终设计

为了更好地实现数据驱动营销，他们创办了自己品牌的公众号，某次对二次复购人群的回访发现，40%的用户是买给家人的，其中 75%是买给妈妈的，于是公司紧接着推出了感恩节的营销活动——“这个感恩节，我要买给妈妈”，这一策略让他们的鸡尾酒在感恩节取得了很棒的销量。

传统商业中一向是商家决策机制，容易导致产品与用户脱节。而互联网概念生产线可以通过试喝互动机制，让用户投票选出接受度最高的产品上市。下一款上市酒是什么？由“任性”的用户说了算。这就是数据驱动的品牌运营。

10.1.3 三只松鼠的精打细算

安徽三只松鼠电子商务有限公司成立于 2012 年，是中国第一家定位于纯互联网食品品牌的企业，也是当前中国销售规模最大的食品电商企业。“三只松鼠”品牌一经推出立刻受到了风险投资机构的青睐，先后获得 IDG 的 150 万美元 A 轮天使投资和今日资本的 600 万美元 B 轮投资。2015 年，三只松鼠获得峰瑞资本（FREES FUNDD）3 亿元投资。2015 年，三只松鼠“双十一”单日全网交易额达到 2.66 亿元；2016 年“双十一”，三只松鼠销售突破 5.08 亿元，夺得全网零食业 5 连冠。

与卖萌一脉相承的是与三只松鼠有关的包装和设计等所有要素。

卖萌和品牌是第一步，为消费者提供优质产品是决胜的关键。除了选择供应商、优化仓储和物流的环节外，三只松鼠试图通过技术手段进行更为精确的数据分析，从而更加贴近消费者。现在，三只松鼠每天大约有两万个订单，其中有一半人会在线评价产品，借助这个数据能够实时改进产品品质，所以互联网解决了品质问题。

当其他企业还在研究如何模仿三只松鼠时，他们已经着手实施更大的计划，向大数据时代迈进，创建一个更高效、更透明、更优质、更迅速的互联网新农业生态圈。

（1）可追溯系统令食品安全更透明

在局外人看来，可追溯系统只是三只松鼠服务顾客的新手法，但三只松鼠已将这个系统同消费者、股东、供应商及合作农户结合起来。依靠可追溯系统记录跟踪种植基地、供应商、分装工厂、物流等所有环节，控制流程标准，同时让消费者知晓购买的产品和服务，最终实现食品安全可追溯、用户体验可追溯。顾客只需扫一下二维码，就能够看到产品的来源、加工、质检，也可以从服务上了解到当时是与哪个客服在沟通、哪个工人负责分装等过程。

（2）全方位服务顾客

三只松鼠将顾客奉为“主人”。熟悉互联网游戏规则的企业深知网络时代顾客的重要性，以及他们对互联网品牌忠实度的薄弱。电子商务才是催生真正品牌诞生的时代，因为这时的顾客才真正拥有话语权。每位顾客都可以按需求对相应部门反馈意见，这些反馈也将决定每位员工薪金的加减，在“松鼠王国”，这一系统更进一步确定了“主人第一”的权威性。

相比传统企业，电子商务能够准确、实时了解顾客信息，并可以分析顾客的基础数据，根据顾客的产品喜好、口味偏好等多因素一对一推荐服务。例如，同样一袋坚果，广东人口味轻（要少盐），安徽人口味则偏重，未来公司根据对顾客的数据分析，将推出更符合顾客口味的产品。

10.2 互联网企业的数据逻辑

10.2.1 围绕数据寻找商机

“数据之巅”蕴藏了多少财富？谁也说不清。然而，敏锐的企业家却早已看到了数据中的商机。

2015 年年底，国家放开了二孩政策，到底哪里的人会生二孩，想生二孩？统计部门不一定说得清楚。但是在阿里巴巴的平台上，只要看一下各个地区尿布的增长波动情况就可得知。不仅尿布，奶粉、婴幼儿用品也可以形成立体的数据网络，最终得到的结论非常贴近现实。天气变冷了，淘宝上搜索秋裤的人数上升了，阿里巴巴可以知道是哪些人在搜索？这些人在什么地方？这就是商机。搜索皮衣的人也在增加，数据分析表明搜索皮衣的人一般都有汽车，把这两种现象结合起来，就可以定向地去推送信息，提供个性化服务。

亚马逊已经从一个很小的网上书店成长为地球上最大的在线商店之一。然而今天，亚马逊已经不是一家商务公司，而是一家大数据公司，其开发出的云基础设施处于赢利状态，可以资助零售业务的运营。它拥有的移动设备和内容可以通过用户网络进行传播。亚马逊还亏损出售 Kindle 硬件，它这么做，是因为能够借此售出更多的电子书，巩固其在该市场的主导地位。亚马逊正是利用这些设备进军出版市场的，借助 Kindle 设备的数字化特征，亚马逊提供了纸质图书之外的多种阅读选择；除了 Kindle 版的电子书，它甚至还允许用户借阅图书（见图 10.3），只需要付很少的钱。连接亚马逊在线零售、云服务和平板电脑业务的共同要素就是数据。

图 10.3　亚马逊的数字出版（亚马逊网站，2016）

九年前，华大基因落户于深圳盐田一家破旧的厂房里面，没人能看懂这些厂房里在发明什么、在生产什么。短短数年间，华大基因不但被顶级学术期刊 *Nature* 评为“世界领先的遗传学研究中心”和“基因组学、蛋白质组学和生物信息分析领域的领头羊”，更在 2015 年 4 月与英特尔、阿里云三方跨界合作，搭建了基于 BGI Online 的精准医疗开放云平台，旨在为公众提供更精准、高效的医疗健康服务和更为个性化的优质诊疗体验，华大基因也将在此基础上构建基因组学的数据中心和分析平台。这套系统的建立将会对疾病的预测预防、未来精准的诊断治疗、药物研发带来革命性的改变。

信用卡用户每天都会收到银行发来的信用卡消费记录，对个人而言，这个数据可能用处不大。但杭州有家公司叫挖财，通过帮用户记账的 APP 来收集数据，通过提供优惠券、打折券的方式收集用户的月结单、消费数据等。当它收集的数据足够多时，就能看到一张更大的图，提供有价值的服务和咨询。例如 A、B 两家银行，A 银行如果知道 B 银行的信用卡发给哪些群体，就知道自己该锁定哪些群体、制定什么商业策略。挖财就可以找到 A 银行，问他想知道 B 银行的情况吗？自己可以提供信息。同样它也可以找到 B 银行说相同的话。它还可以为个人提供服务，看了个人银行消费情况，可以分析个人消费存在什么问题。

这样的例子很多，互联网时代源于数字、成于数据，数据真正成了宝贵的资源。

10.2.2 海量用户产生海量数据

海量用户是互联网公司得以成功的根本，成功的业务离不开海量用户的支持。中国互联网络信息中心发布的统计数据显示，截至 2016 年 6 月，中国网民总数已达 7.10 亿人，这是中国互联网企业得以生存的基础。

互联网企业在拓展市场的初期都经历了各种争夺用户的疯狂。滴滴早在 2014 年年初入出行市场的时候（当时还名为“嘀嘀打车”），曾经做出了 80 天狂烧 14 亿元的惊人之举，高额补贴所带来的成效是用户数和订单量的直线增长。仅两个多月的时间，滴滴的用户数从 2200 万增至 1 亿，日均订单也从 35 万增长了近 14 倍至 521.83 万。2016 年 6 月 7 日，“饿了么”宣布交易平台日订单量首次突破 500 万，入驻全国 700 多个城市，平台用户量超过 7000 万人。实际上，早期的“饿了么”就在著名的上海交大 BN（战网）上播放类似“打 DotA，上饿了么订外卖”的广告，用户数开始大大提升，因为他们抓住了最需要外卖的群体——宅着打游戏的 DotA 用户。

然而，花大价钱积累的用户能否“黏住”，能否成为长期的、忠诚的用户，这取决于互联网企业如何为用户提供好的、个性化的服务，这是一个更大的挑战。互联网公司的数据天性决定了它们要尽可能多地搜集用户的数据，并以数据作为服务的基础。

航旅纵横是中国航信 2012 年推出的一款民航出行服务 APP，为旅客提供从计划出行到抵达目的地全流程的完整信息服务。这个应用聚合了用户出行前、出行中、到达后的几乎所有与航空旅行有关的数据，如图 10.4 所示。

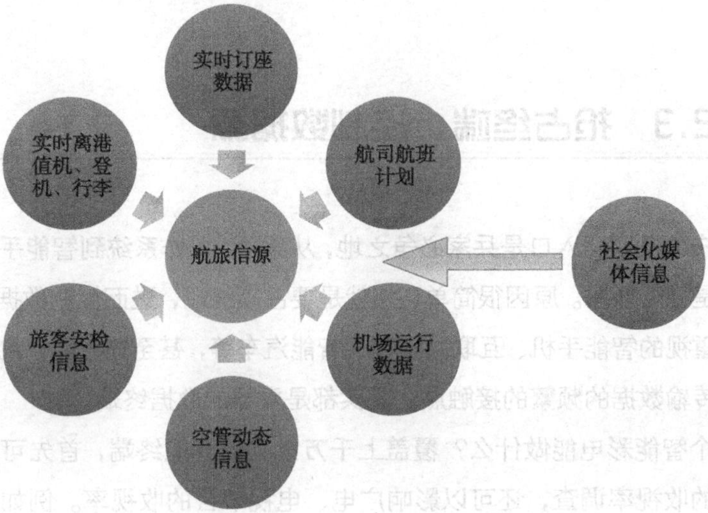

图 10.4 航旅纵横聚合数据源（中航信移动科技，2016）

有了这些数据，航旅纵横可以执行精准的动态分析与预测，包括前序航班、出发机场天气、到达机场天气、航路天气、机场能见度、机场流量、历史准点率、客座率等，并提前 N 小时把结果提供给用户；并且，基于对用户数据的分析，还可以做到针对场景的千人千面。正是数据的支持，使得这款 APP 可以“黏”住上千万个用户。

“饿了么”副总裁郭光东在“数据中国与互联网发展高峰论坛暨 2015 年度‘互联网+’优秀案例发布会”上表示，“饿了么”的发展方向是，每个人打开“饿了么”之后，会看与别人不一样的页面，通过大数据运算，能够知道你喜欢吃辣的还是甜的，或者新开的餐厅是否符合你的口味，是则会推荐给你，为客户创造更多价值。沃尔玛在全球拥有 10700 家店铺（2015 年）它需要为这 1 万余家店铺设置个性化的商品配置；而亚马逊在全球拥有 3.04 亿个用户（2015 年），它面对的是 3 亿多个用户千人千面的个性配置，这就是互联网企业与传统企业的巨大差异性。

10.2.3 抢占终端，控制数据源

用户的互联网入口是兵家必争之地，从桌面、操作系统到智能手机硬件入口都是红海血拼。原因很简单，那就是要占领终端，进而控制数据源。像大家都重视的智能手机、互联网电视、智能汽车等，甚至遥控器，凡是能够记录和传输数据的频繁的接触点，其实都是重要的数据终端。

一个智能彩电能做什么？覆盖上千万家庭的智能终端，首先可以用来做更好的收视率调查，还可以影响广电、电视节目的收视率。例如，在节目推荐时，把浙江卫视放在湖南卫视之前推荐，很有可能就提高了浙江卫视的收视率。在未来，这些智能终端甚至还可以做终端广告和内容等。

如今的智能手机市场搏杀近乎惨烈，几乎每年都会有若干品牌退出战斗、偃旗息鼓。然而，2015 年却有 360 手机、乐视手机勇敢地杀入，它们走的路线也基本相同，就是服务带动硬件，手机本身基本上以低于成本的价格销售，但收获的却是一项重要的资源——入口。以 360 手机为例，即使每台硬件亏损 200 元，如果能有 1000 万台的销量，企业无非就是投入了 20 亿元的成本，却收获了 1000 万个可以控制的用户入口。而乐视更进一步，2016 年 4 月，乐视推出了“硬件免费”，只要订阅一定月份的影视产品，手机、电视机均可以全部免费领取。这当然只是一个商业模式，用户为内容和服务买单，企业赠送服务入口。这看似是双赢

的结局，实际上乐视的做法是将用户获取入口的成本变为“零”，却也通过这一入口控制了用户，以后可以源源不断地收获用户数据。

现在，很多手机都具备红外端口，从而可以把手机变成一只万能遥控器，一部普通的智能手机就可以控制所有红外家电（电视、机顶盒、空调等）（见图 10.5），还可以将同一个控制功能以不同的名称或图标予以记忆存储，以便不同的人员使用。看起来这只是一款实用的功能，实际上这也是终端。

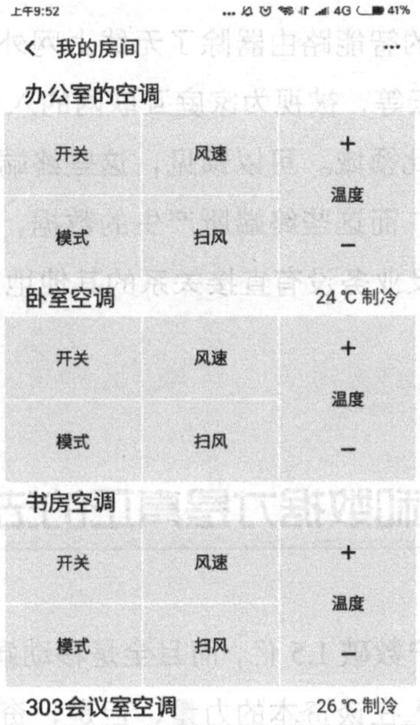

图 10.5　某手机的“万能遥控”界面

仔细分析一下手机万能遥控的运作方式，不难发现这个简单的 APP 可以获得的信息太多了。首先，要配置家里的各种家电，需要将家电的型号上传到系统中，那么谁家在用什么家电、这台家电是什么型号、所在的精确位置（手机可以通过 GPS 或连接的 GPRS 基站、WiFi 热点获取位置，这一数据恐怕连家电厂商都不掌握），用户家电的品牌分布数据就拿到了。然后，根据用户使用遥控器的数据还可以进一步判断：不同地域、不同用户类型对品牌的喜好，实际在用家电器的品牌分布。接下来，用户在使用万能遥控器的过程中，他的使用习惯是什么？何时开机、开机频繁程度、收看的电视频道、收看时长、换频道的频率、设定的空调温度和风速、是否摆风，这些宝贵行为数据恐怕是家电厂商梦寐以求的，但现在 APP 厂商可以方便地拿到了。有了这些数据，你还认为“万能遥控”只是手机的一项辅助功能吗？

与此类似，今天的智能路由器除了无线上网外，还因能搭载音乐、智能盒子、家庭私有云等，被视为家庭互联网的入口，极路由、360、小米等企业都已经进入此领域。可以预见，这些终端的拥有者将会极大地改变人们的生活方式。而这些终端所产生的数据，大部分价值可能都将体现在和其自身功能及业务没有直接关系的其他地方。

10.2.4 算法和数据才是真正的法宝

滴滴在三年里用户数破 1.5 亿，而且全是移动端用户。在滴滴模式巨大成功的背后，很多人在谈资本的力量，但是，资本之外还需要关注其核心所在，滴滴是一家真正的大数据公司，1.5 亿个移动端用户形成超级大数据。用滴滴 CEO 柳青的话说：地推和补贴只适合早期，算法和数据才是真正的“核武器”。

截至目前，滴滴平台每日需处理 1100 万个订单，路径规划服务请求超过 90 亿个。滴滴 APP 大多数情况下会在十秒内就匹配到出行车辆，海量用户、海量车辆、海量位置信息、海量路线拓扑信息，这些都是在滴滴大数据后台自动化完成的，滴滴极速成长的背后也意味着大数据能力的快速构建和迭代升级。据滴滴官方公布的数字，截至 2015 年 11 月，滴滴每分钟要匹配 200 万次需求，超过所有地图软件，每天数据分析量级是 50TB，大约是 5 万部高清电影的数据量，每天连续上传的定位数据是 50 亿次[①]。在乘客叫车后，如何将信息推送给最适合区域内的司机、谁优先获得订单，除了推荐算法要准确、匹配效率要高、计算要快、推送要及时外，还要在推送订单到这位司机之前，通过对小费、长短途、时间、方向敏感等静态特征和司机与订单之间的位置关系、时间关系等动态特征进行综合分析来预测他对订单感兴趣的程度。此外，给乘客什么样的补贴、给司机什么样的补贴、谁更敏感、多少金额影响更积极，这些策略的背后都是大数据在起作用。

数据规模的不断膨胀，使得大数据算法的改进没有止境，面对如此庞杂的数据，滴滴需要通过不断升级、完善与创新背后的云计算与大数据技术，来保证数据分析及相关应用的稳定，实现高频出行下的运力均衡。2016 年，滴滴研究院主办的 Di-Tech 算法大赛（见图 10.6）就是面向全球大数据人才展开的，通过开放国内真实的出行数据，用最炙手可热的研究课题，向算法天才征集更聪明的解决方案，优胜的方案有机会直接应用于“滴滴出行”产品端，改进全世界数以亿计用户的出行体验。

图 10.6　2016 Di-Tech 算法大赛主页[②]

① 赵陈婷. 滴滴出行. 张浩：大数据主宰现在与未来. 第一财经日报，2015 年 11 月 16 日.

② Di-Tech 算法大赛网页. http://research.xiaojukeji.com/competition.

这次大赛的题目源于网约车的真实业务需求：调研发现，同一地区不同时间段的订单密度是不一样的，如大型居住区在早高峰时段的出行需求比较旺盛，而商务区则在晚高峰时段出行需求比较旺盛。如果能预测到在未来的一段时间内某些地区的出行需求量比较大，就可以提前对营运车辆提供一些引导，指向性地提高部分地区的运力，从而提升乘客的整体出行体验。我们来看一下这次大赛的一些细节。

1．题目

供需预测，其目标是准确预测出给定地理区域在未来某个时间段的出行需求量及需求满足量。

2．竞赛数据包括以下部分

（1）某市一段时间内（包括决赛数据和预赛数据共超过 40 天）的真实打车订单日志数据，包含乘客、司机、时间、价格、起始区域等，数据量有上千万条。

（2）各时段的天气信息、交通拥堵信息等。

（3）每个区域兴趣点（Point of Interest，POI）的数据，即该地区的基础设施信息等。

（4）测试数据集中有被预测时间片的前 30 分钟订单、天气、交通等信息。

3．算法目标

预测未来某时间（一般是未来 10 天）的区域内打车供需差，即该时间片、该区域中总的订单数减去被满足的订单数。

不难发现，滴滴的目标是利用积累的数据对运能进行精准调度，这已经是对传统各自为战的出租车运营模式的一种颠覆性变化。而做到这一点，则有赖于海量数据和高超算法的支持。通过这样的竞赛，互联网企业能够优选更好的算法方案，能够发现更多的大数据人才。

不独滴滴，越来越多的互联网生态企业将依托网络连接数据，依托数据发掘智能，意味着业务的全程可追溯、可评价、可反馈及不断优化。这种能力是无数企业梦寐以求的致胜法宝。

反侵权盗版声明

举报电话：（010）88254396；（010）88258888
传　　真：（010）88254397
E-mail：　dbqq@phei.com.cn
通信地址：北京市海淀区万寿路 173 信箱
　　　　　电子工业出版社总编办公室
邮　　编：100036